『学び合い』でできる！

# 今日からはじめる
# 自由進度学習

西川 純

## 自由進度学習って？

- たくさん手立てを駆使して
- 一人ひとりを個別にしっかり把握してやらなきゃ

って、思ってませんか？

そんな思い込みはやめて

教師も子どももラクに始めませんか？

子どもたちに単元を任せて、
子ども同士で助け合って
課題を解決してもらう。

そうすると、子ども同士の
関係も良くなり、
子どもたちの成績も上がっていく！

それが、『学び合い』による自由進度学習です。

本書でそれが全部わかります！

# はじめに

　本書は自由進度学習について、子ども同士が互いに学び合う『学び合い』の考え方で取り組む方法をわかりやすく紹介する本です。

　自由進度学習は、一人ひとりの子どもが、自分に合ったペースで学びを進めていくものです。言葉にするのは簡単ですが、これを実際に進めるには、一人ひとりの子どものつまずくポイントで、その子にあった説明や支援を、即座に対応するようなサポートが必要になります。

　しかし、教室の 40 人の子どもに対して、適宜これをできる教師がいるでしょうか。神ではないたった一人の人間にそのようなことは無理です。でも、教室のすべての子どもが、すべての子どもに対してお互いに支援をし合ったらどうでしょうか。たった一人の教師の支援よりはずっと機能的にサポートし合える集団となり、個別最適化した学びがしやすくなるはずです。

　**この、子どもたち全員が、全員に対して助け合う状態を生み出す、それが『学び合い』の授業です。自由進度学習は『学び合い』の授業によってこそ成立すると私は思っています。**

　本書を読んでいただければわかると思いますが、『学び合い』を導入することはそれほど難しいことではありません。とくに、文科省によって、個別最適な学びと協働的な学びが推進されようとする今こそ、求められている考え方だと思います。

　本書では、『学び合い』による自由進度学習をどのように始めていくとよいのかを、誰もが取り組みやすいようにまとめています。

　自由進度学習をどうやって進めればよいかわからない、という人にとっては、『学び合い』による自由進度学習は、とても準備が簡単

で、負担が軽くなり、なおかつ子ども同士の関係やクラスづくりにも役立つ、子どもにも教師にもメリットのある方法となるでしょう。

『学び合い』は 1998 年頃から、認知心理学に基づく教育研究の発展したものとして、私の研究室で研究が始まりました。その成果は『学び合う教室』（東洋館出版社）という本となり出版されました。それ以降、『学び合い』に関する本を毎年出版し続けました。

その結果、『学び合い』を実践する全国の多くの教師との関係が生まれ、20 年以上の学術研究と、数千人規模の先生方の実践の積み上げの中で、完璧に近い理論と実践論が確立されています。

**そして『学び合い』に関わる多くの教師が、『学び合い』の理論が提唱され始めたごく初期の段階から、単元内の自由進度学習を実践として積み上げてきています。**

しかし、現状広がっている多くの自由進度学習は、教師の負担が大きく、なかなか持続的に続けることが難しい実践になっています。また、『学び合い』を知っている多くの方にとっても、『学び合い』による自由進度学習についての本がまだ出ておらず、そのイメージが難しいことがわかりました（もっともイメージに近い本として『流動型『学び合い』の授業づくり：時間割まで子どもが決める！』（高橋尚幸著、小学館、2020 年）があります）。

そこで、自由進度学習に可能性を感じつつも「自分には無理」と思っている方、そして、すぐにでも自由進度学習を実践できる『学び合い』実践者に対して、簡単に継続的にできる自由進度学習の進め方をまとめたのが本書です。

自由進度学習には大きな可能性があります。この大きな可能性が生かされることを願って本書を書きました。

上越教育大学教職大学院教授

西川 純

# CONTENTS

はじめに ……………………………………………………………… 6

## 第1章

# 自由進度学習ってなに？

自由進度学習を行政が推進するのはなぜ？ …………………… 14

自由進度学習を、本当の「自由」進度学習にするには？ …… 16

友達と「学び合う」自由進度学習が必要 ……………………… 18

拡大する自由進度学習 …………………………………………… 20

COLUMN 1 信じられる子ども集団を創るために ………………… 22

## 第2章

# 子ども同士の『学び合い』でこそできる自由進度学習

『学び合い』ってなに？ ………………………………………… 24

『学び合い』にはこんな効果がある！ ……………………………… 26

現場教師による実践事例
　個別最適化を子ども自身が考える授業ができる！ …………28

現場教師による実践事例
　学びの全体像が俯瞰できる
　『学び合い』での自由進度学習 ………………………………… 30

現場教師による実践事例
　問答で成長する『学び合い』による自由進度学習 ………… 32

『学び合い』で実現する自由進度学習の土台つくり ………… 34

**COLUMN 2** 自由進度学習こそ『学び合い』ですると
　　　　　　教師も子どももラクになる ………………………………36

# 第3章
# やってみよう！
# 『学び合い』でできる自由進度学習
# 準備編

自由進度学習の前に『学び合い』を始めるとうまくいく ……… 38

『学び合い』を始めるためにどんな準備が必要か …………… 40

声かけステップ1　友達と相談するほうがわかることを伝えよう ‥ 42

声かけステップ2　大人になって大事なこと ………………………… 44

声かけステップ3　この学習のルール ……………………………… 46

子どもはすぐに取り組める！ シンプルな課題で始めよう …… 48

取り組みのタイミングはテストから逆算で始めるといい ……… 50

『学び合い』の基本的な流れ ………………………………… 52

授業中に先生は何をしているの？ ………………………… 54

最後に子どものよかった行動を語ろう …………………… 56

評価はどうするのか？ ……………………………………… 58

大事な注意　グループを教師はつくらない ……………… 60

**COLUMN 3** 実証的学術研究の重要性 ………………………… 62

# 第 4 章

# やってみよう！
# 『学び合い』でできる自由進度学習
# 実践編

『学び合い』による自由進度学習で最初に語るべきこと ……… 64

単元単位で課題を渡すと早くなる理由 …………………… 66

早く終わったときの対策は？ ……………………………… 68

子どもたちは自由「深度」学習をし始める ……………… 70

計画を立てる必要があるか？ ……………………………… 72

一定周期で自分の振り返りをみんなで共有する ………… 74

一定周期で教師との問答を行う …………………………… 76

**COLUMN 4** 手立てやしかけは極限まで削れる ……………… 78

# 第5章

# 自由進度学習、
# こんなことに困ったら？　Q&A

悩む前に、集団の構造のセオリーを知っておこう ……………… 80

Q1　自由進度学習に問題が起こったら ……………………… 82

Q2　ひとりぼっちの子どもがいたら ………………………… 84

Q3　わからないのにほかの子に聞きに行かない子がいる …… 86

Q4　遊んでいる子がいたら …………………………………… 88

Q5　成績が上がらなかったら ………………………………… 90

COLUMN 5　集団づくりは
　　　　　　全員の問題を全員に考えてもらうこと ……………… 92


# 第6章

# 異学年で一緒に行う
# 自由進度学習がすごい

異学年で一緒に『学び合い』をするのは簡単です …………… 94

異学年で一緒に『学び合い』による自由進度学習を体験 …… 96

異学年『学び合い』の導入方法 ………………………………… 98

注意すべきただ一つのこと ……………………………………… 100

固定化した人間関係を打ち破る ………………………………… 102

『学び合い』をする文化の継承 ………………………………… 104

異学年『学び合い』が先生方の変容を生む ………………… 106

おすすめの研修方法 ……………………………………………… 108

受験対策に最強 …………………………………………………… 110

**現場教師による実践事例**
　異学年『学び合い』をやりましょう ………………………… 112

**COLUMN 6** 地域コミュニティの再生 ……………………………… 114


付録　次に進めるためのガイドブック ……………………… 115

# 第 1 章

# 自由進度学習
# ってなに？

　自由進度学習が急激に注目されています。

　もともとは 2021 年 1 月に出された中央教育審議会答申「『令和の日本型学校教育』の構築を目指して」にルーツがあります。この日本型学校教育を構築する方法として、2023 年 9 月の「子供たちが主体的に学べる多様な学びの実現に向けた検討タスクフォース　論点整理」に「自由進度学習」という言葉が現れてから、にわかに注目されるようになりました。

　文部科学省が新たな言葉を使う途端に急激に注目が集まることは、経験豊富な教師なら何度も経験したことだと思います。

　世にある「自由進度学習」の本の多くも 2021 年以降のものであり、注目度が高まっているのも文部科学省の動きに連動しています。

# 自由進度学習を
# 行政が推進するのはなぜ?

## 👈 社会要請に基づく教育改革

　明治維新以降、日本を急速に先進国にして、その後の高度成長期も支える人材を育成した近代教育制度が、いま行き詰まっています。

　経済・産業界、とくにこれから発展しようとしている業界では、金太郎飴のような一定の能力を持っている人材は不要になっています。そのような人材だったら、AI（人工知能）やロボットで代替することができるためです。

　これからの日本を支える人材育成ができる学校教育を経済・産業界は求めているのです。それに応えた文科省による教育改革が、アクティブ・ラーニングであり、令和の日本型教育であり、個別最適化した学びなのです。これらは一見違うように見えますが、すべて、これからの日本の経済・産業界が求める人材育成に対応したものです。

## 👈 手詰まりの文部行政

　本書を手に取る方だったらおわかりのように、それらはすべて骨抜きにされ、形骸化しました。結局、「従来の授業に話し合い活動を取り入れ、タブレットを使うようにしたもの」になってしまいました。

14

もっとも困難なのは「個別最適化した学び」だと思います。

　文部科学省は万人が学ぶべき基礎的・基本的な学力があると考えています。それを表したのが学習指導要領です。個別最適化したとしても学習指導要領の内容は押さえるべきだと考えるのです。だから、文部科学省が個別最適化した学びという場合、「公正に」個別最適化した学びというように書くのです。この「公正に」とは「学習指導要領に定められた基礎的・基本的な学力を押さえたうえで」という意味です。

　学習指導要領の内容を押さえるために、現状、月曜日から金曜日まで教科が時間割に隙間なく位置づけられています。つまり、個別最適化する余地はまったくないのです。

　タブレットのような ICT を使えば、個別最適化する余地が生まれると期待していましたが、そんなものは生まれるわけがありません。基礎的・基本的な学力があるという宗教（それがあることを示した実証的な学術研究は皆無ですので）を信じる限り、少しでも余裕があれば、基礎的・基本的な学力を高める時間にします。結果として「個別最適化した学び」と打ち上げたものの、それに応えられる実践例が皆無なのです。

　学習指導要領が示す教える内容の個別最適化は絶対に認められないのに、「個別最適化」を謳わねばならない。そこで学習進度に個別最適化する余地を生み出そうとしたのが自由進度学習です。

**　私は自由進度学習の成功によって、内容の個別最適化、すなわち学習指導要領の弾力的な運用に進めばいいと願っています。**

　しかし、現状の考え方で自由進度学習を実現しようとすると、ものすごく教師の負担が増大します。では、なぜ自由進度学習で教師の負担が増大するかを次に説明します。

第 **1** 章　自由進度学習ってなに？　　15

# 自由進度学習を、本当の「自由」進度学習にするには？

## 👉『学び合い』は自由進度学習です

　私は『学び合い』（一般の『学び合い』と誤解されないように「二重カッコの学び合い」と呼んでいます）を提唱していますが、**本書で紹介する『学び合い』でやれば、簡単に手間なく自由進度学習を実現できます。**自由進度学習という言葉が生まれる前、今から20年以上前からこの『学び合い』を実践しています。そのため、方法論も理論も完成度が高く、本のとおりに実践すれば、本のような成果を得ることができます。

　自由進度学習にはさまざまな方法論があります。一番の違いは、「自由」をどのレベルに捉えるかにあります。自由のレベルは、子どもたちをどれだけ信じられるかに比例します。信じられないと、補うための制限やしかけを課すことになります。その度合いが過ぎれば、自由進度学習と言いがたくなってしまいます。

　本書を手に取られている方には、「自由進度学習と銘打っているけど、今までの授業とどこが違うの？」と疑問に思われている方も多いと思います。そして、自由進度学習の可能性を最大限にするにはどうすればよいのかを知りたい方も多いでしょう。本書は、そうした皆さんのための本です。

## 👉 現状の自由進度学習の難しさとは

　本書を書くにあたり、先行する本を一通り読みました。世にある自由進度学習の実践や本は二つに分かれています。

　第一は、子どもたちを信じられないので、いろいろなしかけを用意し、つまずいたら教師の代わりにサポートする教材を用意しているものです。つまり、手間がかかり、ものすごく大変です。だから、外部の組織の全面的なサポートを受けたとしても、一部の単元でのみ実施できるぐらいです。そして、「これこれのことをしなさい」というしかけが多すぎると、子どもの自由度が奪われ自由進度になっていないのです。

　第二は、子どもを信じて自由のレベルを高めた実践です。しかし、個々の子どもの中には自由を活用できる子どももいますが、できない子どもがいます。後者の子どもを自由にすると遊び出します。それに懲りると、徐々に第一の実践に移行します。そのままにしてしまうと放任となってしまうからです。

　**自由進度学習に可能性を見出そうとしている方々が知りたいのは、従来型授業のような制限やしかけで子どもを管理するのではなく、それでいて子どもたちが自主的に学習に向かわせるにはどうしたらよいか？だと思います。**

　ご安心ください。『学び合い』はそれを実現できる方法論と理論なのです。

第**1**章　自由進度学習ってなに？　17

# 友達と「学び合う」
# 自由進度学習が必要

## 👉 教師には絶対できません

　自由進度学習で学習を進めれば、子どもたちはさまざまなタイミングで、さまざまなサポートを必要とします。これを一人の教師（数人のチームでも）が対応するのは不可能です。子どもの人数分の教師が必要です。そのため、いま出ている多くの自由進度学習の本では多段階のステップと多様な教材で補おうとしています。しかし、理論上可能でも、事実上不可能です。それでも「自由進度学習をしなければならない」と取り組めば、放任になってしまいます。

　**しかし、『学び合い』は数十人の子どもを教師がサポートするのではなく、数十人の子どもを数十人の子どもがサポートするのです。これだったら、子どもたちのさまざまなタイミングでのさまざまなサポートにも対応できます。**

　この子ども同士による柔軟な学び合いはどうすると生まれるのか、どうするとより豊かに展開していくのかについて、20年以上、学術研究を行い、その結果を数千人の教師が実践し精緻化したのが『学び合い』です。

　『学び合い』では、ある子が「わからない」と思った途端に、それを説明してくれる仲間がいます。それゆえに、一人ひとりが自分のペースで学ぶことができます。ごく初期には1時間単位で始めて、

18

それを単元レベル、さらに学期レベルに拡張することができます。

さらに、関わる人たちの多様性を高めるため、異学年で合同での学習に拡張すると、子どもたちの関係性が飛躍的に向上します。

数十人の子どもが数十人の子どもをサポートできるならば、多段階のステップや多様な教材が不必要であることは認めていただけると思います。一人ひとりのタイミングで次のステップは何かをアドバイスしてくれる仲間がいれば、クラス一斉のステップ調整は不要です。一人ひとりの疑問に対してアドバイスをしてくれる仲間がいれば、多様な教材は不要なのです。

## 👉 子ども同士こそサポートし合える

「子どもにそんなことができるの？」という疑問をもたれる方も多いでしょう。しかし、できます。その仕組みに関しては次章に説明いたします。この段階で理解していただきたいのは、言葉どおりの意味での自由進度学習を実現しようとするならば、『学び合い』でしか実現できないということです。

皆さんは全員、単元レベルの自由進度学習どころか、年レベルの自由進度学習を経験済みです。それは高校入試、大学入試の試験勉強です。思い出してください。中学3年、高校3年の学校の授業は「邪魔」ではなかったですか？　心の中で「この時間、自由に使わせてくれ」と思ったでしょう。3学期ごろには試験勉強に時間を与えてくれた場合もあったでしょう。その際、わからないことがあったらどうしていましたか？　きっとクラスメートのところに行ったと思います。

もし、みんなが教師に聞きに行けば、長い列が生じ、時間のロスが生じます。そして、教師の説明よりクラスメートの説明のほうがわかりやすいことも多いと思います。『学び合い』では、それを最高のレベルにすることができるのです。

第1章　自由進度学習ってなに？　19

# 拡大する自由進度学習

## 👉 公立学校を取り巻く環境の変化

　15頁で、「万人が学ぶべき基礎的・基本的な学力がある」という宗教の結果として、個別最適化に踏み切れない現状を述べました。しかし、変化の兆しは見えています。教師は変化を嫌がっても、個別最適化した教育を求める子ども・保護者はいます。そのような子ども・保護者たちは旧態依然とした公立学校を捨て始め、フリースクールやインターナショナルスクールのような非1条校※や、学習指導要領の縛りの小さい広域通信制高校に学びの場を求めています。

　行政もその動きを把握しており、対策を取り始めています。たとえば、「不登校特例校」の、「不登校」「特例」の言葉をはずし、「学びの多様化学校」にしました。これは単に名前を変更しただけではなく、「不登校」「特例」をはずすことによって、今後、一層ニーズが高まれば、文部科学省の管理する、学習指導要領に縛られない学校にすることができます。その布石です。

　また、フリースクールに県の認証制度を設けるところも生まれています。これも今後の布石となっています。

　今後、この流れは強まることはあっても弱まることはないでしょう。

※非1条校：学校教育法の第1条に規定されない学校。卒業しても
　卒業資格が公的に認められない。

## 👉 新たな教育の場での自由進度学習

　不登校特例校・フリースクール・広域通信制高校は、学校に行けない子どもの受け皿となっていました。この時期には託児所としての機能を求めた保護者も多く、「ただ遊ばせる放任を」自由進度学習と称したフリースクールも容認されました。

　現在は、子ども・保護者が個別最適化した教育を求め、新たな教育の場を積極的に選択しています。そのような子ども・保護者は、学校が特段のことをしなくても、自らの意思で自由進度学習ができます。そのような学校ではこれから紹介する『学び合い』がなくても自由進度学習が実現できるかもしれません。

　現状の学校を捨てる子ども・保護者が増加すれば、現状の学校を捨てることに対する抵抗感は軽減し、入学者が急激に増加するでしょう。そのとき入学してくるのは「普通」の子ども・保護者です。

　現状の学校の先生方にお伺いします。皆さんが教えている「普通」の子どもたちの中で、「自分の進路」を確立し、それを実現する道筋を描ける子どもがどれほどいますか？　そして、それをサポートできる保護者はどれほどいますか？　いたとしても、後述しますが、2割弱を超えることはないと思います。

　学校が捨てられる現状が顕在化するにつれ、現状の学校も個別最適化に対応することから逃れられません。

　つまり、すべての教育の場において、自由進度学習は必須となり、『学び合い』が必須となります。

第1章　自由進度学習ってなに？　21

**COLUMN 1**

# 信じられる子ども集団を創るために

　おそらく日本の学校の研究テーマで最も使われる言葉は「学び合い」だと思います。子ども同士の関わりを中心とした学習は、多様にあります。班学習、バズ学習、協働学習、共同学習、協同学習、グループ学習……と挙げていくとキリがありません。

　自由進度学習では、比較的長い時間、子どもたちに任せることになります。1時間ごとに区切るならば問題が表面化しなくても、長期になると、一部の子どもが置き去りにされたり、人間関係のトラブルが生じたりします。それを嫌って1時間ごとに教師が介入すれば、自由進度学習ではありません。

　『学び合い』では、それらの問題の原因を学術研究と実践研究で明らかにして、それらに対する対処法を整理しています。それらの成果は膨大な本にまとめられています（Amazonで「西川純」と検索してください）。本書は『学び合い』ではなく、自由進度学習の本です。そこで、ギリギリに『学び合い』を短くまとめました。本書だけでも、実践レベルの『学び合い』の7割程度は到達できます。そのレベルでも、十分に自由進度学習は可能です。

# 第 2 章

# 子ども同士の
# 『学び合い』でこそできる
# 自由進度学習

　子どもが関わり合って成立させる実践の場合、人間関係が成り立っていない
と不可能と思われている方は多いと思います。人間関係が成り立っていればよ
いことは確かです。しかし、人間関係が悪い場合どうしたらよいでしょうか？

　多くの教師はゲーム性の高い活動を通して改善しようとします。しかし、私
は一緒に勉強することを通して改善するべきだと思います。人の関係が改善す
るのは困難な課題（たとえば、学年運営、体育祭等）を共に乗り越えたときだ
と思います。

　子どもにとっては、勉強がそれにあたります。

　このことを心に留めて、以降をお読みいただきたいと思います。

# 『学び合い』ってなに?

## ☞ 『学び合い』のほうが自然

**『学び合い』とはホモサピエンスの DNA に刻みつけられた生存戦略に根ざした学習を、現代の学校教育で復活させた実践です。**

　教育は学校教育のみに存在するわけではありません。たとえば、皆さんは職員室という場で学んでいるはずです。それは企業に勤めていても同じで、職場が学びの場です。そこでの学びは他者との相互作用によって成り立っています。学校教育のような、一斉指導では行われていません（このあたりはジーン・レイブの『状況に埋め込まれた学習：正統的周辺参加』（産業図書、1993 年）という本に書かれています）。

　ホモサピエンスはその黎明期から、言葉を介した集団内の学びによって生存競争に生き残ってきました。それが中世は徒弟制度になりました。現在の職場も、新人は熟達した人たちの集団の中に入り、学びます。そして、新人より熟達した人の数が十分に多いのが常態です。

## ☞ 一斉指導誕生の不自然な理由

　現代の公教育制度が確立した時期は、身分制度の崩壊と軌を一にしています。そのため、子どもたちは将来どのような職業に就くかが定まらなくなりました。昔ならば、大工の子どもは大工の親方に

弟子入りします。農家は親から学びます。

　ところが、どの職業になるかが決まらないため、公教育では、すべての職業に役立つだろうと思われる知識・技能を網羅的に教えることになります。しかし、そのような網羅的な知識・技能を用いてできる職業はありません。そのため職業教師が養成されました。結果として数十人の子どもを一人の教師が教える構造が生まれました。その結果としてホモサピエンスとしての DNA を考えると、異常な現在の一斉指導が生まれたのです。

　昔は本が高価だったため、教師に対して十全な本を与え、教師がそれを板書し、子どもはノートに写しました。つまり、遣唐使の写経と同じです。

　これが 100 年近く続いた教育の姿です。ところが、戦後になり一般家庭も子どもに対してお金をかけた教育（塾・予備校・通信教材）を与えることができるようになりました。結果として、学校で勉強する内容やレベルだったら十分に教えられる子どもが量産されたのです。

　本来でしたら、このような状態になったとき、ホモサピエンスの本来の学習である『学び合い』に戻すべきですが、大きな組織は、大きな慣性を持ちます。その結果、一斉指導・板書が継続しました。

　学校の内部はそれでよかったのですが、学校の外ではそれを許さなくなりました。子どもや保護者一人ひとりが権利を主張し始めたのです。すべての人が理解できる説明などありません。そのため、教師は成績の「中」、もしくは「中の下」に合わせた説明をします。その結果、成績上位者は退屈で、下位者はチンプンカンプンとなります。

**　子ども・保護者は個々の子どもがちゃんと学べる個別最適化した教育を求めています。『学び合い』はホモサピエンス本来の学習に戻すことによって、それを実現しています。**

第 **2** 章　子ども同士の『学び合い』でこそできる自由進度学習　25

# 『学び合い』には こんな効果がある！

## 👉 『学び合い』の効果

　不遜ながら、私は、今までの教育に比べて、『学び合い』は全方位で見て「まし」であると断言します。そして、かなり「まし」です。

　理由は簡単です。教師は数十人の子ども一人ひとりに対して、学力面、生活面に関して多くの責任を負っています。それをたった一人で背負うのと、子どもたちと一緒に背負うのとでは、どちらが強力でしょうか？

　ホモサピエンスの学習は数百万年の中で生き残った学習です。たかだか百年強の現代公教育が勝てるわけはありません。そもそも、学校教育以外は、集団の中で相互的に学習は成立しているのです。

　**効果の第一は、簡単に成立させることができることです。**

　わかる、わからないにかかわらず、一方的な話を聞くのと、わからないと思った瞬間に聞くことができるのと、どちらを選択しますか？　前者の場合は、いろいろとしかけが必要ですが、後者の場合は、放っておいても成り立ちます。

　**効果の第二は、学力が向上することです。**

　わからないと思った瞬間に聞くことができ、会話を積み上げられるほうが学力が向上するのは当然です。

　**効果の第三は、学校生活面でもクラスの雰囲気が向上する点です。**

教師の言うことを聞かない子どもであっても、つながりを持ちたいという仲間からの一言には従います。

　さて、こう並べ立てても、おそらく信じられない人が多いと思います。理由は、そんなによければもっと広がっているだろうと思うからです。私もネットで「痩せすぎ注意」などという広告があっても、即、無視です。理由はそんなに効果があったら周りに使っている人が大勢いるだろうと思うからです。

## 👉 なかなか広がらない理由、広がる理由

　明治以来の歴史の中で、一つの理論、一つの実践論で、全国的に、小中高のさまざまな教科で実践された教育実践は『学び合い』以外ないのではないでしょうか？

　それでも、過半数に遠く及びません。なぜでしょう。

　皆さんの使っているスマホは Android ですか、iPhone ですか、キャリアは何ですか？　想像してください。機種とキャリアを変えたならば、料金が10%下がるという話を聞いて、変えますか？　変えないでしょう。20%でも変えないでしょう。理由は機種とキャリアを変えれば、使い方が激変してしまうからです。

　それと同じように、慣れ親しんだ一斉指導を捨てられないのです。ところが、世の中には、理屈が通っていて、少数でも実践している人がいるとき、「やってみよう」という人が必ず2割弱いることは、経営学のロジャーズの「普及化理論」、ムーアの「キャズム理論」によって明らかになっています。

　本書はそのような方々のための本です。以降で、『学び合い』の可能性に関して、順次説明します。

第2章　子ども同士の『学び合い』でこそできる自由進度学習　27

## 現場教師による実践事例

# 個別最適化を子ども自身が考える授業ができる！

（小学校教諭／青森県）

　子どもたちの学習の進め方は多様です。早く進めたい子、じっくり考えたい子、反芻しながら深めたい子……。そんな多様な子どもたちに対して、一律の方法で行われる授業では、どうしても理解度や進度にばらつきが生じてしまいます。この問題を解決するために、『学び合い』による自由進度学習に取り組むことにしました。

　具体的には子どもたちに単元の進行表を渡すことで、単元丸ごと『学び合い』をすることにしました。「自由進度学習」ではありますが、最も重要なことは、多様な学びを支える集団づくりにつきます。具体的な実践としては次のようになります。

①教科ごとの単元進行表を子どもたちに配り、単元の目指すゴール、学習内容やテスト予定日等を確認します。

②最初の授業でワークシートをすべて渡します。これにより自主的に家庭学習に取り組む子が増えます。

③子ども一人ひとりがテストの目標点数を設定し、その達成に向けて、進め方や学び方を調整しながら学びを進めていきます。もちろん『学び合い』も取り入れながらです。

④授業の最後には、その時間に学んだことや学習の達成度をリフレクションし、集団への貢献度を振り返ります。

さらに、複数教科を組み合わせた形も行っています。たとえば、算数と社会の授業を同時進行で進めることで、子どもたちはどちらかを選んで学習を開始します。当然、異なる学習状況が生まれますが、これがいいのです。次の授業では、複数の子が算数と社会で課題を達成しているので、教科にまたがって『学び合い』が活性化されます。

　私は、子どもたちの対話を聞きに行ったり、集団を俯瞰して観察したりしています。そして、次に目指す方向性や期待している姿を集団にフィードバックをします。常に笑顔を心がけながら……。

　この実践を他校の先生方に公開した際、「なぜ子どもたちは、こんなにも学びに向かっているのか」という質問を受けました。私は次のように答えました。

　「子どもたちには、助け合い、補い合い、関わり合って自らの課題を解決することが『学び合い』だと話しています。また、この先、進学し大人になっても、共に学び合った経験は残ること、必要なときに助け合える仲間が多いことが自分の幸せにつながることを伝えています。子どもたちは、学び合うことが仲間になる手段だとわかっているし、学習進度や理解度が違うことさえも、学び合うきっかけにしているのだと思います」

　『学び合い』による自由進度学習を成功させるには、子どもたちに自ら学習の舵を取る自由を与えるだけでなく、それを支える有機的な集団づくりと、集団を見つめる教員のまなざしが重要です。子どもたちが安心して助け合える関係性を築き、自分の課題解決のために、誰の力を借りるべきか理解できる環境をつくることで、『学び合い』による自由進度学習も機能し、活きてくると考えています。

## 現場教師による実践事例

# 学びの全体像が俯瞰できる 『学び合い』での自由進度学習

（中学校教諭／東京都）

　私は、数学の少人数指導で『学び合い』をするため、『学び合い』
の考えを共通理解できるように、日頃から授業を組んでいる先生方
と対話を心がけています。そして、指導のずれが出ないように、単
元の学習内容を作成します。それを、教員だけではなく生徒にも配
付しています。チームで教える教師同士の間で、単元全体の学習を
共有することによって、少人数指導の質が向上していると感じてい
ます。

　授業方法は、その日に扱う内容の課題に関する、教科書の例題に
ついて簡単に扱います。生徒がそれを聞くか、聞かないかは自由で
す。すなわち、こちらで説明しているときに、各自で解答したり、
教え合ったりすることも自由です。全体的には、聞いていない生徒
のほうが大部分です。聞いている生徒であっても、各自で解答しつ
つ、聞き流している程度です。そして、単元末に小テストを基本的
には実施することになっています。

　さらに、毎回「単元テストを全員8割以上取れるような学びをし
ましょう」という授業目標を提示しています。課題は、基本的に教
科書の問題です。このように、特別な課題を用意することはなく、
学習内容を提示するだけですので、そんなに準備が大変というわけ
ではありません。

　実際、中学1年生でそのような授業をしたところ、**予習をする**

生徒が出てきて、また、**数学があまり得意でない生徒は、戻って学び直すことをし始めるようになってきました。**そのため、寝ている生徒はいませんし、問題の解答は、自分で納得して書くことが増えたため、ただ写す生徒も減りました。学習に向かう姿勢が大幅に改善したのです。

　**単元の全体像が見通せること、一斉授業のように、全員が同じ課題を同じ速度で扱うわけではないので、各自の学ぶスピードが保障されること、自分で課題を選択できることが理由かと思います。**

　単元テストを受ける様子も、同じような問題を出題するので、あきらめないで最後まで粘って取り組む生徒の割合は一斉授業よりも高いと感じます。また、点数分布も一斉授業よりも高くなり、何よりも下位層がほとんど解消されています。それは、あきらめない生徒が一斉授業より多いからです。

　また、指導する教員による授業の速度や教え方によらないので、生徒からの不満は少ないのも事実です。

　生徒同士の会話を聞いていると、学習から離れそうになる子を、ほかの子が声かけをして学習に引き戻していることがよくあります。子ども同士の声かけには、教師より影響力があることを感じています。

　『学び合い』ではみんながわかることを目指し、そのために助け合うことを重視しているので、お互いを取り残さないように生徒同士が動いてくれていることを感じます。

　このように、『学び合い』による自由進度学習は、比較的簡単に取り組みができ、いろいろなメリットがあると私は実感しています。

## 現場教師による実践事例

# 問答で成長する『学び合い』による自由進度学習

（高校教諭／宮城県）

　高校２年生の数学の授業で『学び合い』による自由進度学習を行うにあたって、授業の最初にその目的を生徒たちに伝えました。

　具体的には「学校は、全員で困難な課題を解決する経験を通して、みんなで成長し、君たちが10年後も20年後も幸せに暮らすためのネットワークをつくる場所である」ということを話しました。

　そして、**その課題の一つとして、今まで生徒たちが経験したことのない、単元をすべて自分たちで行うことを提案しました。さらに、目標は、「次回の考査で全員が60点以上取る」こととしました。**

　その後、生徒たちが全員で今後の授業の進め方について話し合う「作戦会議」の時間を設けました。その結果、「授業内容の定着度合いが確認できるように、単元をいくつかの区切りに分けてハードルテストを実施したい」という提案がありました。ハードルテストは範囲を指定した上で教員が作成し、生徒一人ひとりが進捗状況に合わせて受験することになりました（いつでも受験可）。

　また、教員側の価値観を少しでも早く生徒たちに伝えるために、毎時間の授業の最初の５分を、生徒が知りたいことを教員に質問していくかたちの問答の時間にしました。１週間の授業の中で、必ず一人一つ以上は質問をするように伝え、あらゆる質問について私が一つずつ答えていきます。学習・進路などは当然ですが、やがて大人のような質問をし始めます。一般の先生だったらビックリするか

もしれませんが、「緊張を和らげるにはどうすればよいか」「卵が先か鶏が先か」「投資を始めるメリットは」などの質問も出始めました。完璧に答えることではなく、今の自分の価値観を伝えることが目的なので、不思議と肩の力を抜いて円滑に答えることができたように感じています。

　本実践を行うにあたって「本当に授業内容は定着するのだろうか」という不安がないわけではありませんでした。ところが、**ハードルテストで想定していた以上に高得点をマークする生徒たちの姿を目の当たりにしたことで、その不安は少しずつ薄れていきました。**また、クラスをリードする生徒たちの動きが、問答をしないときと比べて活発になったように感じます。

　残念ながら目標である「全員 60 点以上」を達成することはできませんでしたが、この結果を「どうしたら次は達成できるだろうか」と生徒たちに問いかけることで、次回の考査に向けた作戦会議は、1 回目以上に活発なものとなりました。

　今回は生徒 10 名未満という少ない人数での実践でしたが、日々の授業を生徒たち自身の力で進めることができており、教員は基本的に全体を俯瞰している時間が大半でした。とくに「教員よりも友人に聞くといいよ」等の指示はしていませんが、教員に質問に来る生徒はほとんどいませんでした。

　授業が進むことで、私自身の気の緩みが生徒たちに伝わってしまい、動きが鈍くなってしまった等の反省点はあるものの、実践するハードルは想定していたよりも低く、生徒たちも計画を立てながら生き生きと授業に臨む姿を見ることができたという点で、実践する意味は大いにあったと考えています。

第 **2** 章　子ども同士の『学び合い』でこそできる自由進度学習　33

# 『学び合い』で実現する 自由進度学習の土台つくり

## 👉 『学び合い』の特徴

　自由進度学習の土台は子どもたちの学び合いであることを述べました。私が『学び合い』が最善であると確信している理由は三つあります。

　**第一は、膨大な学術データ、実践データに裏打ちされているため、再現性が高いのです。**日本で最も小さい国立大学の一教師が始めた実践が日本全国に広がったのは、本のとおりに実践すれば、本のとおりの結果を得た教師が日本中にいるからです。

　**第二は、そこで得られた実践のノウハウは膨大な書籍に書かれています。つまり、マニュアルが豊富なのです。**本書1冊でも最低限の実践が可能ですが、今後さらに深化させたいと思ったとき、悩んだときに、対応する本が揃っています。

　**第三に、ネットワークが構築されています。**たとえば、『学び合い』グループはFacebookにおける教育関係の最大のグループだと思います。もともと『学び合い』実践者はネットで自由なつながりとして活動しています。悩んだときに聞ける人を探しやすいのです。

　『学び合い』には子どもたちの学び合いを強力に育てることができる秘訣がいくつもあります。代表的な例をいくつか説明します。

　子どもの関係性を高める実践は多くありますが、その多くは学級

活動や道徳の時間で行うのが一般的です。しかし、『学び合い』では日々の教科学習の時間でクラス経営を実現しようとしています。理由は二つあります。

　第一に、頻度です。クラスの8割ぐらいの子どもがつながり合うクラスを実現するのであれば週イチ程度の学級活動でも実現できます。しかし、それを9割、そして10割にすることは不可能です。それは皆さんのクラスの子どもを思い出せば、最後の数人は簡単ではないことが理解できるでしょう。そのような子どもも含まれた有機的なつながりのあるクラスを生み出すとしたら週イチでは足りません。だから、教科学習の時間で定常的に行うのです。

　第二に、学級活動や道徳の場合、わかったふり、仲良くなったふりは可能です。しかし、テストの点数が上がったふりはできません。しっかり目に見える形で評価できる点が教科学習の強みです。

# 👉 損得の「得」

　以降の説明でビックリされるかもしれませんが、『学び合い』では健全な人間関係、人をサポートすることを道徳の「徳」で説明するのではなく、損得の「得」で説明します。

　もしかしたら教師として子どもに対して損得を説明することに違和感をもたれる方も多いでしょう。それゆえ、損得で語る実践がほとんどないのです。

　しかし、『学び合い』では胸を張って損得で「学び合うことがいかに得か」を子どもたちに説明します。道徳で子どもを動かそうとしても持続力は弱い。損得で納得させれば持続力は強力なのです。

　**自由進度学習で本当にすべての子どもの個別最適な学びを進めるには、子ども同士の学び合いなしに成り立ちません。そのため、『学び合い』こそが自由進度学習の土台となるのです。**

第2章　子ども同士の『学び合い』でこそできる自由進度学習　35

## COLUMN 2

# 自由進度学習こそ『学び合い』ですると教師も子どももラクになる

『学び合い』への非難の一つに「『学び合い』は何もしていない丸投げだ」というものがあります。たしかに、今までの教師が心血を注いでいた深い教材研究、発問、板書などが不要になります。

しかし、何もしなくてうまくいくわけはありません。ちゃんとやるべきことをやっています。ただ、今までの教師がやっていないことを重視しているので、多くの教師は見逃してしまいます。次章をお読みいただければ、何をやっているかがわかると思います。

とはいえ、『学び合い』では、自由進度学習の準備にかかる時間は驚異的に短縮されます。集団が熟成されてくれば、子どもたちが自分で自信を持って進めていくようになります。

子どもたちはわからないことがあったら、すぐに聞き合うことができます。逆に、塾・予備校等で既習事項を延々と聞かされている子どもも、人に教えることができて、自分自身の理解も深まる上、「ありがとう」と感謝されるのです。

教師は子どもたちが学び合うことをサポートすることに集中でき、子どもたちは互いの助け合いができるようになり、子どもも教師もラクになります。

# 第3章

## やってみよう！
## 『学び合い』でできる
## 自由進度学習
## 準備編

　本章では自由進度学習を実現する基礎となる『学び合い』のやり方を説明しています。もしかしたら「これだけ自由にしたら子どもたちは遊んでしまう」と思う方もおられると思います。たしかに遊ぶ子どもはいます。教師が何を言ってもそのような子どもは遊びます。しかし、『学び合い』では勉強するのです。不思議かもしれません。しかし、日本中（海外も）には数多くの『学び合い』実践者はいます。ご安心ください。まずはやってみましょう。

　本書を読み終わる頃には、もっと知りたいという思いが湧くと思います。本書の最後に読書ガイドを書きました。『学び合い』は多方面にマニュアルが揃っています。ぜひ、お読みください。

# ［ 自由進度学習の前に 『学び合い』を始めると うまくいく ］

## ☞ 自由進度学習の前に『学び合い』をする理由

　実は１時間ごとの『学び合い』の授業を行うよりも、『学び合い』による自由進度学習のほうが、簡単です。

　さらに本書の後半で紹介する、異学年学習を組み合わせた『学び合い』自由進度学習のほうがより簡単です。

　異学年学習を組み合わせた『学び合い』自由進度学習の場合、正直、失敗させることが困難なのです。

　それでも、１時間ごとの『学び合い』の授業から始めることをすすめています。理由は教師側の心の準備が自由進度学習に取り組む最初の段階ではできていないからです。

## ☞ 変わらなければならないのは子どもではなく教師

　『学び合い』研究の初期の段階で不思議なことがありました。

　小学校で『学び合い』実践をし始めた先生も、中学校で『学び合い』実践をし始めた先生も、『学び合い』を軌道に乗せるために要した期間は４週間程度で同じなのです。

　小学校の先生方は最初に算数科の『学び合い』から始め、国語科や社会科や理科に拡大します。そうなると、小学生の『学び合い』授業の経験回数は中学生をはるかに上回ります。それなのに軌道に

乗せるために必要な期間は４週間で同じです。

　それがなぜか、やがてわかりました。『学び合い』が成立するか否かは、子どもの変化ではなく、教師の変化なのです。小学校教師も中学校教師も１週間当たりの担当時間数はそんなに違いがありません。中学校教師の場合は複数のクラスで実践するからです。なので、４週間の担当時間で『学び合い』をしっかり理解できるようになります。だから、『学び合い』の実践が２年目以降になると数日で子どもたちは学び合うようになります。

　しかし、『学び合い』による自由進度学習は現状の一斉指導からは離れすぎています。そのため『学び合い』による自由進度学習から始めると教師が不安になり、その不安が子どもに伝わります。それゆえに、**いきなり自由進度学習を始めるのではなく、１時間ごとの授業での『学び合い』を、週イチ程度から始めましょう。教師の心の不安が軽減されてうまく進みやすくなります。**

　『学び合い』を実践すれば、子どもたちに自由を与えても、子どもたちが遊ばず、学習に向き合い続ける姿を見ることができます。本章を読んで、その仕組みがわかれば、子どもたちがその仕組みに沿って行動することを見ることができて、教師も納得することができます。そうすれば、自由進度学習に一歩近づきます。そのため、最初に『学び合い』から始めます。

第３章　やってみよう！　『学び合い』でできる自由進度学習　準備編　39

# 『学び合い』を始めるために どんな準備が必要か

## 👉 準備するもの

　『学び合い』の前に準備するものを紹介します。まずは、**ネームプレート**です。普通の磁石やマグネットシートを小さく切ったものに、クラスの子どもの名前を貼り付けてください。誰が課題をできたか否かをわかるようにするためです（なお、第6章で紹介する異学年『学び合い』で人数が多くなった場合には、赤白帽を用いることができます。最初は白くして、課題ができたら赤くすることによって、誰がまだ課題を終えていないかが一目瞭然となります）。

　次に**100円ショップで売っているホワイトボードと専用のペンを10セット程度**用意するといいでしょう。子どもたちが人に説明するときにそれを利用します。算数・数学ではとくに有効です。

　さらに、**国語辞書を5冊ぐらい**用意します。卒業生にいらなくなった国語辞書をもらうか、ブックオフ等で安く手に入れましょう。きれいでなくて結構です。**タブレット内に辞書機能があるならそれでも構いません**。

　以前、『学び合い』の最中の子どもたちの会話を聞いたことがあります。その結果、明らかになったのは、子どもたちはそもそも言葉の意味につまずいているのです。それも大人から見ると「え？なんで？」というレベルの言葉です。

たとえば、「国道って道のこと？」という会話がありました。皆さん理解できますか？「国の道と書いてあるのだから道に決まっている」と思われたのではないでしょうか？

　では、運転免許証を取る前に「国道」という言葉を使いましたか？おそらく「海沿いの道」「〇〇町への道」「スーパーマーケット前の道」のように言っていたと思います。「国道って道のこと？」という疑問も当然なのです。

　だから国語辞書が国語以外でも必要なのです。

　英語や音楽で『学び合い』をする場合は、タブレットをフル活用しましょう。インターネットにつなげて自由に使わせてください。ただし、使うことを強いません。

　以前、『学び合い』でタブレットを人数分用意しましたが、１台を複数人で使っていたので、結局使われたのはクラスの人数の２分の１か３分の１程度でした。**最高の ICT 機器はタブレットではありません。タブレットを使いこなせる仲間なのです。**

## 👉 大事な注意

　上記以外にも用意すれば便利なものはいろいろあるかもしれません。しかし、大事な注意があります。

　**第一に、ネームプレート以外は使うことを強いないでください。**使うか、使わないか、そして、いつ使うかを決めるのは子どもたちです。同じ理由で、タブレットの使い方も決めないでください。このことは自由進度学習においてとくに重要です。

　**第二に、そのネームプレートさえも、最終的には不要になる状態を目指してください。**関係性が構築されれば、それらは不要になります。

## 声かけステップ1

# [ 友達と相談するほうが わかることを伝えよう ]

## ☞『学び合い』を始めることを伝える

　子どもたちはこれまで教師の説明を聞き、板書をノートに写し、教師の問いに答えるという授業を受け続けています。それゆえ、それらがなくなると「大丈夫だろうか？」と思う子どもがいるのは当然です。そこで、**『学び合い』を実際に始める前になぜ『学び合い』をするのかを簡単に説明します。『学び合い』では、これを「最初の語り」と言います。**その中で、先生からではなく、周りのみんなに聞くほうが理解できるようになることを説明します。たとえば、次のように話してください。ただし、より子どもたちに響くのは自らの経験に基づいて自分なりの語りをすることです。

## ☞ 最初の語りの例（短く伝えるのがコツ）

　これからの○○授業（従来型授業とは違うわかりやすい名前を考えてください）では、先生は教えません。「え？」とビックリするかもしれませんね。しかし、実は先生よりわかりやすい説明をしてくれる人がみんなの周りにはいっぱいいます。

　誰だと思いますか？

　クラスにはこの教科のことが得意な人も、不得意な人も、それら

の中間の人もいます。それぞれの人には、それぞれがわかる説明があり、同じではありません。クラスには〇〇人の人がいますが、先生は誰に合った説明をしたらいいでしょうか？

　得意な人に合った説明をしたら、多くのみんなはチンプンカンプンでしょう。不得意な人に合った説明をしたら、多くのみんなには退屈になります。だから中間の人に合った説明をします。そうなると得意な人には退屈で、不得意な人にはチンプンカンプンになってしまいます。

　では、どうしたらいいでしょうか？

　先生は、今までどおり中間の人に合った課題を皆さんに与えます。それだったら塾・予備校・通信教材で勉強済みでほかの人に教えることができる人が5人以上いるはずです。ということは、先生の数が5倍になります。その人の説明を聞いてわかった人が増えれば、教えられる人はものすごく増えます。

　そうすれば説明を一方的に聞く今までの授業と違って、わからないところがあれば直接その人に聞き返すことができます。それを受けて、聞かれた人は別の説明をすることもできます。

　つまり、先生の話をじっと聞いているよりも、はるかにわかりやすくなります。

　先生が中途半端に教えようとすると、心優しい君たちは先生に遠慮してしまうでしょう。だから、先生はみんなのがんばりをじっと見ていることをしたいと思います。

**「最初の語り」は10分以下、できれば5分強に抑えてください。**ただし次頁以降も含めた「声かけステップ1〜3」をすべて語れば、長くなります。適当に省略して結構です。ここでの例示は、子どものためではなく、教師である皆さんへの私の「最初の語り」とご理解ください。

第**3**章　やってみよう！　『学び合い』でできる自由進度学習　準備編　**43**

## 声かけステップ2

# 大人になって
# 大事なこと

## 👉「人を助けることは得」と教える

　小学校低学年あたりだと、単純に「うん、わかった。みんなに教えてあげる」と教え始める子どもたちがいると思います。しかし、中学年以上、そして、中学生、高校生ならば、「なんで教えなければならないの？」と思うでしょう。とくに、ソーシャルスキルの低い子ども、知的障害が疑われる子どもに教えるのを嫌がります。

　一般的には、「人を助けることはよいことだから」というような道徳の徳で語られます。しかし、人は損得の得で理解できなければ、行動を継続することはできません。だから、次のように説明します。

## 👉 助け合いは得と伝える語りの例

　この教科が得意な人に聞きます。正直、先生の授業は退屈ではありませんでしたか？　だって、ずっと前に塾・予備校・通信教材で学んだことですから。せいぜい復習程度の意味しかなかったのではないでしょうか？　しかし、君たちに合わせて塾・予備校・通信教材で学び終えた話をしたら、多くの人にはチンプンカンプンになります。

　この授業では塾・予備校・通信教材の先が学べます。それは人に

44

教えることです。君たちが問題を解けたとしても、なぜ、解けたのかを意識していない場合が多いです。なんとなく解き方がわかるかもしれません。しかし、その程度のわかったでは、塾・予備校・通信教材での問題を少し変えて、聞き方の言葉を換えた問題には答えられなくなります。

　**一方、人に説明するときには、なぜ、問題の解き方がわかったかを言葉にしなければなりません。これが深い理解につながります。つまり、人に教えると、自分自身の理解が深まるのです。**そして、教えた人から「ありがとう」と言われれば気分はよいですよね。

　皆さんが大人になった時、皆さんの得意なことが不得意な人と一緒に仕事をしなければならない場合があります。その際に、○○さんの説明はわかりやすいし、○○さんは優しいと思われることは、仕事において有利だと思いませんか？

　教えてもらう側の人も、○○さんはわからないところをちゃんと言える、○○さんはわかるまでがんばると思われることは、仕事において有利だと思いませんか？

　君たちはいつか学校を離れて社会に巣立ちます。仕事で悩むことがあるかもしれません。そのとき、仕事の同僚には言えない悩みを相談できる人がいたらよいと思いませんか？　そのような人は学校で共に学ぶことによって得ることができます。今、皆さんは周りの人たちから見られています。だから、周りの人たちから、卒業後もつながろうと思われる言動をすることは大事なんです。

　**学校は大人になるために準備をするところです。この授業では大人になるための勉強をしましょう。**

声かけステップ3

# この学習の
# ルール

## 👉 ルールは最低限にする

　従来の授業ではしかけがいっぱいあります。それは自由進度学習も同じです。しかけがあれば、達成できる可能性は高まります。しかし、どんなにすばらしいしかけであっても、しかけであるために失われるものがあります。それは子ども個人、そして子ども集団の主体性なのです。それが生まれなければ、教師が気づける問題は、問題解決を促すことはできますが、教師が気づく前の問題を、小さいうちに解決できる子ども集団は生まれません。そのため、しかけは最小限度にしています。たった一つ、「全体の状況の可視化」です。

---

　**この授業では、誰と一緒に勉強するか、もしくは一人で勉強するかは一人ひとりが判断してください。教室のどこを使って勉強するかも自由です。**

　先生が時間に達成すべき課題を伝えたら授業終了の５分前まで皆さんに任せます。５分前になったら、席について静かにしてください。

　課題の答えは教卓の上に置いておきます。もし、全部解き終わったら黒板に貼ったネームプレート（※ 40 頁で紹介したマグネットシートにクラスの子どもの名前を書いたもの）を黒板に書いた「わ

---

46

かった」の大きな丸の中（※黒板にチョークで大きな丸を書き、その上に「わかった」と書いてください）の中に移動してください。**こうすれば、誰ができて、誰ができていないかがわかります。**

　**この授業では一つだけ守るべきルールがあります。それは全員達成です。**つまり、全員のネームプレートが「わかった」の丸の中に移動することをめざしてください。

　全員達成にこだわるのはなぜでしょうか？

　1人見捨てるクラスは2人目を見捨てる、2人見捨てるクラスは3人目を見捨てる。そして4人目は君らの誰になるだろう。1人も見捨てないクラスになれば、居心地はよく、勉強もわかるクラスになる。そして、そんなクラスの仲間は大人になってからもつながれる仲間になれる。今、君たち一人ひとりは、クラスのみんなに見られている。一生涯の仲間になりたいと思ってもらえる行動をしよう。

　全員達成ができるために、自分の頭を使って行動しましょう。

## 👉 個々の問題は全体に投げかける

　おそらく最初は5分前になっても学び続ける子どもはいると思います。その場合は、次のように語ってください。

　5分前になっても聞く体制になっていない子がいた。だから先生は席に戻りなさいと言わなければならなかった。一所懸命なのはわかるよ。しかし、時間を守ることは大人の大事なルールだ。ではどうしたらよいだろうか。人に教えること、人から教えられることに集中して時間を忘れた人は時間に気づけない。しかし、時間になったら席に戻って静かに待っていた人がいた。その人は時間を意識している。では、その人たちはどういうことをすればよかったのかな？

第**3**章　やってみよう！　『学び合い』でできる自由進度学習　準備編　**47**

# 子どもはすぐに取り組める！シンプルな課題で始めよう

## ☞ 1 課題を与え、子どもに1時間を任せる

　今までの授業では、課題自体に「よい課題」があると思い、いろいろと手の込んだ課題を用意される先生方もいます。しかし手の込んだ課題は、一部の子どもにとってはより有効かもしれませんが、逆に一部の子どもにとってはよりわかりにくくなります。子ども一人ひとりにとってわかりやすい課題はそれぞれ違います。

　たとえば、チャーハンは美味しいです。カレーも美味しいです。しかし、チャーハンをカレーに変えることはできませんし、カレーをチャーハンにすることもできません。お米ならば、チャーハンにもカレーにもすることができます。あれこれ手を加えた課題を考えるより、課題の出し方はよりシンプルなやり方のほうがうまくいきます。

　**『学び合い』において課題に求められているのは、クラス2割弱の子どもが誤りなくその趣旨を読み取れる課題であることです。**大前提として、学習指導要領の範囲を逸脱していなければ、大抵は問題ありません。

　一番簡単なのは算数・数学です。算数・数学の課題としては次のパターンで全単元を網羅できると思います。

48

## ☞ 汎用的な課題の例

　本日の課題は、教科書〇ページから〇ページの問題を全部解いてください。そして、問題3の④の問題（※その教師が一番大事だと思う問題を選んでください）のみんながわかる解き方の説明を〇文字以内にまとめてください。そして、人に説明しわかってもらったらサインをもらってください。わかってもらえなかったら、話し合って説明を改良し、サインをもらってください。全員がサインを3人にもらってください。

## ☞ 課題の出し方のポイント

　初期の段階では説明の部分は必須ではありません。しかし、説明の課題を入れると、かなり難しい内容でも、いろいろな人に説明します。その過程で理解が深まります。それから、経験上、サインをもらう人数が3人より多いと時間がかかりすぎてしまいます。

　なお、説明の解答例はまずはご自身で書いてみてください。そして、その文字数の1.5倍程度の文字数を課題にしてください。文字数の上限を設けないと、勉強のできる子が、延々と書いて、教える時間がなくなる危険性があります。また、教師が解いてみて10〜15分で解ける課題にしてください。これも、できる子が自分の分を解いた後、ほかの子に教えにまわる時間を確保するためです。

　（なお、小学校算数に関しては、各学年ごとに『小学校算数『学び合い』を成功させる課題プリント集』（東洋館出版社、2018年）があります。教科書の全単元に対応した課題プリントも用意しています。それをコピーして使っても結構です）

# 取り組みのタイミングは
# テストから逆算で
# 始めるといい

　国語の先生からは、算数・数学や理科と違って、「国語は答えが一つではないから『学び合い』はできない」と言われます。しかし、その国語であってもテストの答えは一つなのです。

　だから、**テストの答えから逆算して課題をつくります。**

　たとえば、「○○を具体的に示す部分を○文字で示せ」のような問題があってその答えは◎◎だとします。その場合は、「○○を具体的に示す部分は◎◎であることをみんながわかる説明を○文字以内にまとめてください。そして、人に説明しわかってもらったらサインをもらってください。わかってもらえなかったら、話し合って説明を改良し、サインをもらってください。全員がサインを3人にもらってください」という課題になります。

　また、穴埋め問題の場合、その答えを全部埋めた文章を示して「この文章を○年（一つ下の学年）のみんながわかる説明を○文字以内にまとめてください。そして、人に説明しわかってもらったらサインをもらってください。わかってもらえなかったら、話し合って説明を改良し、サインをもらってください。全員がサインを3人にもらってください」とすればいいのです。

　刑事ドラマには、犯人が最初わからない古畑任三郎タイプと、犯人がわかっていて追い詰める刑事コロンボタイプがあります。『学び合い』は後者です。到達点ありきで課題をつくります。最終地点

が動かないので、教師の介入が不要なのです。

　これを応用すれば、どんな教科でもできますが、課題づくりをより理解したいならば、本書の最後にある読書ガイドを参考にして何冊かお読みください。

　なお、テストの答えから逆算して課題を与え続けるのは教育ではないと反発される方もおられます。

　しかし、教育には明確な目標があります。それがなければ遊びです。その**目標を達成するために授業があります。授業によってその目標が達成されたかどうかを評価します。つまり、目標＝授業＝評価です。**

　評価は主にテストの点数に基づいて行っています。ならば、テストの点数を上げることは明確な目標の一つなのです。

　それは極論だと言われる方もおられるでしょう。私もテストのみが目標ではないことは理解しています。しかし、クラスの全員がテストの基準以上の点数を取れない状態で、テスト以外のことにとらわれるのは順序が違うように思います。

　もし、クラス全員がテストの点数の基準以上を取れたならば、テストの点数以上のレベルを授業で扱えるようになります。ちなみに、本書では扱いませんが、そのレベルの『学び合い』課題もあります。

　課題を与えるとき、どの程度の量にするかに迷うでしょう。おおよその目安は、教師がその問題を解いて10数分程度の量が適切です。クラスをリードする子どもたちの解答時間もほぼ同じ時間になるでしょう。彼らは既に塾・予備校等で既習ですので、脊椎反射のようにすらすら解くからです。

　なお、まだ文字を書くのが遅い小学校1年生の場合は10分弱で解答できる課題が適当です。もし、それ以上かかりそうならば問題数を減らしましょう。しかし、問題の質を下げてはいけません。

第**3**章　やってみよう！　『学び合い』でできる自由進度学習　準備編　51

# 『学び合い』の基本的な流れ

## 👉 最初の語りの再確認

　最初に語るべき三つのこと（42 ～ 47 頁）を例示しましたが、小学校 1 年生以外はこの三つをできるだけいっぺんに語ってください。小学校 1 年生の場合は、『学び合い』学習の 1 回目に「友人と相談するほうがわかる」と「この学習のルール」を語り、2 回目に「大人になって大事なこと」を語ってください。

　いずれにせよ、先に述べたように「最初の語り」は 10 分以下、できれば 5 分強に抑えてください。この語りは『学び合い』を導入する最初の時間にだけ語りますが、それ以降は繰り返しません。基本は授業の最初に課題を与え、「今日も全員達成を目指そう」と言って、子どもに任せてください。ただし、クラスの緊張感が緩んでいた場合、その原因は最初の語りで語ったことが曖昧になったためです。それは教師が曖昧になったためです。子どもたちに語りながら、もう一度、確認してください。

## 👉 さあ、始めていきましょう

　自由進度学習を始めるまでは、『学び合い』の授業は、最初は週イチで実施しても結構です。ただし、子どもたちには「この日は全員達成を目指す日」とわかりやすくするため、「火曜日の 3 時間目」

というように毎週同じ時間を指定してください。

　課題に関しては先に説明しましたが、たとえば算数だったら、「教科書24ページから25ページの問題を解いて、みんなが③の問題の解き方を200文字以内にまとめる。それを人に説明してわかってもらったらサインしてもらい、わかってもらえなかったら改良してサインをもらう。全員が問題を全部解けて、全員が3人のサインをもらう」といったシンプルな課題を与えます。

　2回目以降は、課題を与えて、すぐに子どもたちが活動をするとしたら、授業開始1、2分で子どもたちに任せることになります。これが多くの教師が不安になるところです。

　私が視察で学校全体で『学び合い』に取り組んでいる学校に行くと、全教室で『学び合い』を実践しています。私は一つの教室を数十秒程度チラ見したら、すぐに次の教室に移動します。こうやって学校中を何度も巡回します。最終的に先生方の名簿に×、△、○、◎を付けて、「『学び合い』に対する先生方の姿勢はこれでしょ」と校長に見せると、数十秒程度のチラ見でなぜわかるのかとびっくりされます。

　その種明かしをします。

　**課題を与えて子どもが作業を開始するまでの時間は子ども集団への信頼度に反比例します。**自分が与えた課題を理解できない子どもがかなりいたとしても、子どもたちがなんとかすると思えるとすぐに任せることができます。ところが、子ども集団という意識がなく、子ども一人ひとりをなんとかしたいと意識していると、なんとか自分の説明でわからせようとするのです。その結果、私が3周校内を回った段階でも説明し続けています。

　**『学び合い』で大事なのは、いかに子どもたちの活動時間を長く確保するかです。長いほど、幾何級数的にわかる子が増えるからです。教師の説明は短く、子どもの活動時間を長くしましょう。**

第**3**章　やってみよう！　『学び合い』でできる自由進度学習　準備編　53

# 授業中に先生は何をしているの?

## 👉 教師の『学び合い』への理解の段階

　前項の続きです。名簿に私が〇と書く先生と、◎と書く先生の違いはどこにあるのでしょうか?

　子どもに任せると、教師は何をしたらよいかがわかりません。『学び合い』の理解のし方で教師の行動は変わります。

　第一段階は、「理屈はわかった。でも、本当に大丈夫?」です。この段階の教師は、全員のノートを一人ひとりチェックします。

　第二段階は、「確かに学習は継続している。でも、あの子は駄目じゃないのかな〜」です。この段階では、全員をチェックしておらず、特定の子どもで立ち止まって見ています。それを見れば、そのクラスで担任が気にしている子どもが誰かがわかります。困るのは、この段階では時間的余裕が生じるので、気になる子どものところで座り込んで教えてしまう先生がいます。しかし、教師が教えると周囲の子どもがその子を教えることができません。隔離状態になってしまいます。

　**第三段階は、集団を俯瞰する段階です。**自分の気になる子どもにはサポートする子どもがいて、その子の学習が継続していることがわかります。そして、自分が関わることの問題点を理解するようになります。

そうなると教室の隅に立って、ボーッと全体を見る段階になります。この段階に至った先生に◎と記入しています。

## 👉 最終段階の教師の行動の理由

　全体をボーッと見ていることを繰り返すと、「あれ？」と何かが目に入ってくるようになります。しかし、なぜ「あれ？」と思ったかがわからないときもあります。変な例えですが、「ウォーリーをさがせ！」で、急に目に飛び込んでくるような感覚です。そうなると、そこに近づき、何が起こったかを理解します。

　たとえば、「今までは教えに来てもらってばかりの子どもが、自分から教えてくれる子どものところに行った」「今までは男女別のグループだったのに、男女で教え合っている」「勉強しない子どもが集まったグループの中から、一人の子どもが引っ張られて勉強する子どもたちの中にいる」などがわかりやすいですね。

　以前、自治体での教員の授業研修で、教師の行動を分析しました。教育実習生レベルだと、特定の子どもに張り付いて見ています。多くの先生方は班に張り付いてその班での会話を見ています。ところが、**郡や市で数人レベルですが、授業後の検討会での流れをガラリと変える発言をする授業名人がいます。その人たちの行動を見ていると、教室全体をボーッと見ているのです。**それによって、先に述べたように授業の肝となる場面を見出すことができます。そして、それの波及効果が教室全体に広がる過程を見出せるのです。

　たった一人の教師の一言で、それまでバラバラだった参観者の発言が、一気につながり出すことがあります。教師が『学び合い』への理解を深めて見ることができると、こうした変化を子どもたちの間にも確実に起こすことができるのです。

第**3**章　やってみよう！　『学び合い』でできる自由進度学習　準備編　**55**

# 最後に子どもの よかった行動を語ろう

## 👉 この1校時に起こったよい変化を語る

　従来型の授業では最後にまとめと称して、授業の要約を板書します。しかし、それでわかるくらいだったら、最初にその要約を与えればよいと私は思います。それによって初めて理解する子どもはいないでしょう。既にわかった子どもが再確認する程度です。

　また、小テストをする教師もいます。しかし、それでわかっていないことがわかっても、もう手遅れです。

　驚くかもしれませんが、一人ひとりの子どもを理解することは教師にはできません。愛し合って数十年一緒に住んでいる伴侶ですら理解しきれないのに、10歳以上年の離れた赤の他人の子ども30人以上を一人ひとり理解できるわけがありません。

　そのため、**最後の5分間で語るべきことは、教科内容ではなく、その1校時で起こったことを評価すべきです。**

　前項で例示したような、今後の集団の有り様に影響を与える重要な変化が「いつ」「どこで」生じるかはわかりません。そのため教室全体を見る必要があります。

　そのような重要な変化の多くは、クラスをリードする子どもたちが生じさせます。教師が「あれ？」と思うようなよいことをする前には、子どもはドキドキしています。そして、「先生は私のこの行

動を見てくれるだろうか？」と意識している場合が多いです。これは逆に言えば、「これ先生は駄目だと言うよな」と思うような行動のときには「先生は気づかないでくれ」と意識しているのです。

　だから、見ているだけで十分です。思わず出る教師の微表情で子どもたちには十分に伝わっています。教師は立っているだけで雄弁に語っているのです。

# 👉 金魚を殺さない方法

　あるとき、私の大学院での指導教官である小林学先生から「水槽の金魚を殺さない方法」を問われました。私は太陽や温度のことをいろいろ話したのですが、小林先生は「見ること」と言われました。見ていれば、水槽が濁っていることや、金魚が水面で口をパクパクしていることに気づきます。そうすれば、手当てもします。

　小林先生は理科の教科調査官として全国の教室を見回っていました。理科の教師の実力は水槽を見ればわかると仰っていました。水槽以外は、文部省（当時）の役人が来る直前に、短期間で体裁を整えることができますが、水槽は少なくとも１か月以上見続けなければ自然で良好な環境を実現することはできません。

　**以前、ゼミ生に「西川先生、評価とは何ですか？」と聞かれた時、私も即座に「見続けること」と言いました。**

　見続けることによって気づいたものを手帳に書き、今、この集団にとって大事な現象は何かを吟味します。そして、吟味した一つのことを語り、価値づけるのです。たとえば、ある日は子ども全員が気にかけているたった一人の子の心の変化かもしれません。ある日は全員のスピード感の変化かもしれません。そして、その語りの中では基本的にほめましょう。叱って成長する子どもは、自己肯定感のものすごく高い少数派だけです。

第**3**章　やってみよう！　『学び合い』でできる自由進度学習　準備編　**57**

# 評価はどうするのか？

## ☞ テストの点数で評価しよう

　以前、現場の教師の方々に「自由進度学習において評価をどうするのか？」と聞かれて、何を聞かれているのかがわかりませんでした。私は「テストの点数で評価すればよいだけのこと」と思っていたからです。そのうちにわかったのは、その方々は学習における行動によってテストの点数に後で加点することを考えていたのです。

　これは絶対にダメです。最初の語りで述べたように、この学習で目指しているのは「子どもたちの将来の幸せです」。子どもたちの行動を加点に使ったならば、「子どもたちの将来の幸せ」が数十点レベルの価値に落とされます。

## ☞ 点数以外の評価はどうするとよいか

　テストだけでは評価できず、具体的な行動で評価すべき内容は学習指導要領にはあります。たとえば、理科にある「生物を愛護する態度を育てる」という表現がありますが、何をもって愛護する態度と判断するのでしょうか？

　文部省の役人だった前述の小林先生から「日本の教育行政は教師が優秀であることを前提としている。学習指導要領に書かれていることは教えなければならないが、それを1やるか10やるか100

やるかは教師の裁量。学習指導要領にやってはいけないと書かれていることはやってはいけないが、それ以外のものをやることは教師の裁量」と教えてもらいました。

「生物を愛護する態度を育てる」を定義する文章がどこにもないのですから、それをどう捉えるかは教師の裁量です。補足ですが、法的拘束力があるのは学習指導要領であり、解説編や教科書会社の教師用図書には法的拘束力はありません。

さて、「生物を愛護する態度を育てる」が教師の裁量の範囲だとして、どう定義しますか？　それも私は子どもに任せることをすすめます。

**学習指導要領の原文（則準）を子どもに与え、それをもとに子どもたちが具体的な評価方法（基準）を定めるのです。**たとえば、「花壇に週３回以上水やりをする」というようなものです。そして実際の行動を記入させ、それに基づき子ども自身にＡ、Ｂ、Ｃで評価させました。

**小学生でも、このようなことが可能でした。**理由は、これくらいのことを考えられる小学生は少数ですがいるからです。また、大部分の子どもは案出しはできなくても、どれがよいものかはわかります。繰り返していく中で、全員がそれなりの評価方法を生み出すことができるようになります。

さらに、自己評価なのだから不正が起こるのではないかと心配される方もいるかもしれませんが、それも杞憂です。**ポイントは、自己評価の結果をクラス全員で共有することです。**子どもたちは教師の目をごまかすことはできても、仲間の目をごまかすことはできないことを知っていますから。

# 大事な注意
# グループを教師はつくらない

## ☞ 教師がグループをつくってはいけません

　**『学び合い』ではグループを教師がつくりません。** 世の中には4人班が最適だという実践もありますが、どこを探してもその根拠となる学術データを見出すことはできませんでした。

　我々は子どもたちが学び合う相手を自由に選択できる状態で、どのような行動をするかを研究しました。

　その結果わかったのは、やっている課題によってグループサイズは異なるということです。「これどうやって解くの？」レベルの関わりの場合は2人が基本です。教えている内容を脇でのぞいている子がいる場合は、プラス1人になります。誰と誰が学び合っているかを分析すると、頻度の高い組み合わせが生じるのですが、それと遊びのときの組み合わせや、席の近さは関係していませんでした。

　つまり、何らかの意図を持って学び合う相手を見出しているのです。トライアンドエラーの中でわかりやすい説明をしてくれる人を見出したのでしょう。興味深いのは教科によって、その組み合わせが変わるのです。

　国語や社会で多い、調べ物学習や教科書の読み合わせの場合は4人グループが多いです。初期の段階には10人程度が机を集めてグループをつくりましたが、それでは効率が悪いことを彼ら自身が発

60

見し、やがて４、５人程度に収束しました。ところが、「そもそもこの課題の意味は何か」という目的レベルの疑問が生じたとき、誰かが声を上げます。そうすると全員が活動を中断し、全員で話し合います。

**つまり、話す内容によってグループサイズが異なります。**

# ☞ グループの組み合わせはダイナミックに変化する

**『学び合い』におけるグループの特徴は、その組み合わせがダイナミックに変わる点です。** 私が実際に聞いた、ビックリした子どもの発言があります。授業開始直後、今まで一緒にやったことのない子に近づいて、「ねえ、お試しでグループに入れて」と言ったのです。このすごさ、わかっていただけますか？　皆さんが子どもだったとき、「ねえ、お試しでグループに入れて」と言えましたか？　これが言えるためには、絶対に拒否されず、歓迎されると普通に思っていることが前提にあります。つまり、とてつもなく関係性のよいクラスだということです。

　以上をお読みになって、教師が人数やメンバーを決めて構成するグループに勝る点があるでしょうか？　ありません。

　『学び合い』では学び合うことが目的ではありません。話し合うことが目的ではありません。全員が課題を達成できる集団を形成することによって、わかり、居心地がよい１年を過ごし、それによって大人になってからもつながり続ける仲間をすべての子どもに与えることが目的です。だから、そのために１人で勉強することが有効な場合は１人で勉強しても OK です。しかし、ほとんどの子どもは、多くの場合、学び合うことを選択します。それがホモサピエンスの数百万年前からの生存戦略と考えているので、わざわざ教師が小細工をすることは不必要なのです。

第**3**章　やってみよう！　『学び合い』でできる自由進度学習　準備編　61

## COLUMN 3

# 実証的学術研究の重要性

『学び合い』は従来型授業と革命的に異なります。なぜ、このような教育論が生まれたのでしょうか？　その理由は実証的学術研究によってすべて裏打ちされているからです。

人類を最も殺した病気はマラリアです。その特効薬はキニーネです。この発見の過程がおもしろいと思います。マラリアの薬を捜しに未開の地の民間療法を探った医者が、ある呪術師の薬が有効であることを発見しました。その医者はその薬の原材料一つひとつの有効性を試したそうです。その結果、その薬の原材料の数十種のうちで、有効だったのはキナの樹皮であり、その成分がキニーネだったそうです。つまり、その他の数十種の原材料は無意味でした。最終的に有効だったので、歴代の呪術師は残りの数十種の原材料も有効だと誤解し続けたのだと思います。

個人的な教育実践はその効果の根本的な部分はどこかという詰めがどうしても甘くなります。そのため、個人的な教育実践を第三者が実践するとき、人によっては大事なところを抜かし、どうでもいい部分を一所懸命にやることが起こります。結果、効果が出なくなります。

学術研究を積み上げると、大事なところは多くの教師が重視していなかったところにあったのです。

# 第 4 章

## やってみよう！
## 『学び合い』でできる
## 自由進度学習
## 実践編

　『学び合い』によって自己解決能力のある子ども集団が育ちます。これが成立すると、『学び合い』による自由進度学習ができます。

　今まで紹介した『学び合い』と、『学び合い』による自由進度学習の違いは、毎時間、課題を出すのではなく、一単元単位でまとまった課題を出すという、その一点だけが違います。

　『学び合い』の課題は、先に述べたように教師が解いて 10 分から 15 分程度が目安です。しかし、常にピタリと当たるわけではなく、手持ち無沙汰な時間が生まれることもあり得ます。それを解決する方法が、単元丸ごとを子どもに任せる自由進度学習の『学び合い』です。

# 『学び合い』による自由進度学習で最初に語るべきこと

## 👉 単元分をまとめて課題を出すと伝える

　『学び合い』による自由進度学習を始めるにあたって語るべきことは、そのルールの説明です。次のように語ってください。

---

　**これからは毎日一つずつ課題を与えるのではなく、単元分をまとめて与えます。**

　一つひとつの課題名で区切った大きな紙を黒板に貼ります。終わった人は、その課題の欄にネームプレートを移動してください。こうすれば各自がどこまで進んだかをみんなで共有できますね。

　さて、今までは自分の課題を終わって、答え合わせをしたら教えていたと思う。それでは、これからは単元全部の課題を終えてから教え始めるのでしょうか？

　しかし、そんなことをしたらどう解いたらよいかわからない子は、何日も誰からも教えてもらえないね。そんなことで全員達成はできるだろうか？　無理だろうね。

　そこで、全員が課題を達成したとき、次の課題に進むことができることをルールとします。しかし、数人が未達成でその子に教えている子がいる。その子の周りに十数人が集まって教えたら非効率だ。だからといって、できるまでボーッとしているのは非効率だ。だか

ら、未達成の子全員に教える子がついていた場合、達成した子は次に進んでよいことにしましょう。

それ以外にも、いろいろな問題が生じるかもしれない。**その場合は、全員達成するために一番よいと思うことを各自でやりましょう。**

『学び合い』による自由進度学習の場合は、最初の語りは不要になります。最後の語りも不要になります。最初の挨拶も不要になります。

時間になれば勝手に始まります。やる気が高まれば、時間前から課題に取り組む子どもが出てくるでしょう。

## 👉 途中で伝えたいことがあるとき

**ただし、どうしても伝えたいことがあったならば、ちょっと大きめの声でそれを独り言のように語ってください。** たとえば、成績優秀者であっても課題を誤解していた場合は次のように語るのです。

> 課題２の２番の問題だけど……。

そうすれば、それが理解できる子どもだけが手を止めて聞きます。その他の子どもへの注意喚起は、その子たちがやってくれます。

また、どうしても全体に語りたいことがあったら、次のように語ってください。ただし、どうしてものときに限ります。

> 今日は、みんなにしっかり語りたいことがあるから、○時○分になったら自席に戻って静かにしてね。

第4章　やってみよう！　『学び合い』でできる自由進度学習　実践編　65

# 単元単位で課題を渡すと早くなる理由

## 👉 子どもに任せたほうが信じられないスピードで進む

　単元丸ごと課題を子どもに任せる『学び合い』を始めてびっくりするのは、その速度です。**早い段階で教科書が想定する３分の２の時間で終わります。子どもたちが乗ってくると半分の時間で終わります。**ちょっと信じられないと思います。理由はクラスをリードする子どもたちのやる気をマックスにすることが可能だからです。

　『学び合い』による自由進度学習が始まる前に、単元分の課題を書いたプリントを渡してください。その際には次のように語ってください。

---

　単元分の課題が書かれたプリントがあれば、次の課題、次の次の課題、次の次の次の課題がなんであるかはわかるはずだ。**先生は予習しては駄目だとは言わないよ。**

---

　こう話せば、100％予習してくる子どもが現れます。その子は開始早々に教卓に駆け寄り、答え合わせをします。そうしたら、大きめの声で次のように語ってください。

---

　え！　もう終わっているの？　全問正解？　では君の次にすべき

---

66

ことは何？　そう、みんなに教えることだよね。**大正解！**

　みんなに連絡です。本日は授業終了5分前に自席に戻って静かにして待ってね。

## ☞ クラスをリードする子の姿を全員の前で語る

　その日の最後に次のように語ってください。

　先生は今日すごいものを見た。〇〇は授業開始直後に答え合わせをし始めて、すぐに教え始めた。〇〇は予習してきた。

　さて、先生は何をすごいと思ったと思う？　〇〇が予習してきたことを驚いているのではないよ。〇〇が何のために予習したかに驚いている。

　〇〇は何で予習してきたと思う？

　自分のためか？　違うな〜。〇〇だったら予習しなくても余裕で課題を達成できるだろう。

　先生のためか？　違うな〜。

　では、誰のために予習してきたのだろう。そうだよ、みんなのためだ。みんなが全員達成するためだ。それがすごいと思う。でもね、このクラスには、みんなのために行動できる人は少なくないことを知っているよ。楽しみだな〜。

　さて、次の回にどうなるかは、もうおわかりですよね。そうです。7、8人が予習してきたのです。**小学校6年生の授業を参観した時には、なんと1時間で3時間分の課題を全員が終わらせたのにはビックリしました。**理由は全員が予習してきた上に、4時間分の予習をしてきた子どもが4、5人いたからです。

第**4**章　やってみよう！　『学び合い』でできる自由進度学習　実践編　**67**

# 早く終わったときの対策は？

## 👉 予想以上に早く進んだときの語り

　前項で述べたように『学び合い』での自由進度学習をすれば、標準の進度をはるかに上回ります。それはごく初期の段階から実感できると思います。

　しかし、全員が早く終わったらどうしたらいいでしょうか？　一部の子どもだけが課題を達成できず、その子には既にアドバイスをしている子どもがいたらどうしたらいいでしょうか？　一人の子どもの周りに多人数が集まってアドバイスしたら、アドバイスされる子どもが混乱してしまいますね。いずれにせよ手持ち無沙汰な子どもが生まれ、最悪、遊び始めます。それに対応しなければなりません。

　たとえば10時間を想定していたものが、子どもたちの進度を確認すると、7時間で終わると想定された場合はどうしたらいいでしょうか？　子どもたちの進み具合から、それは単元の早い段階で予想できるでしょう。

　そのような場合は次のように語ってください。

　先生は君たちに謝らなければならないことがある。それは君たちの実力を見くびっていたことだ。君たちの課題は先生たちなら普通10時間かけて教える。だから10時間かかると予想して課題を与

えていた。しかし、今のペースでは、あと2時間で終わりそうだ。
だから、課題を終わらせるための期限をあと2時間にしたいと思う。
君たちならできるよね。

## 👉 余った時間についての語り

さて余った時間はどうしたらいいでしょうか？
それも子どもたちに任せましょう。
そして、次のように語ってください。

君たちがすごすぎるから、ものすごく早く課題が終わった。しか
し、課題が終わることがこの授業の目的ではない。全員の学力が上
がることが実現できれば、それは君たちがすばらしい集団に育って
いることを意味している。それは現在の君たちの幸せを保障するだ
けではなく、未来の君たちの幸せを保障している。
今回の目標は、クラスの全員が満点の8割以上を取ることだ。
さて、もしかしたら早く課題を終わらせることに注力していた子
もいたかもしれない。しかし、それでは全員が8割という目標を実
現することはできない。
〇月〇日に今回の単元のテストをする。それまでにクラスの全員
が満点の8割以上を取ることを実現するために必要なことを、全力
で取り組んでほしい。それまでの3回分の授業は、すべて君たち
に任せた。期待しているよ。
なお、各自がバラバラに思いついたことをやることもありだと思
うけど、作戦会議を開いて情報を共有することもよいことだと思う
よ。ただし、それをやる、やらないは君たちの判断に任せるよ。

第**4**章　やってみよう！　『学び合い』でできる自由進度学習　実践編　**69**

# 子どもたちは
# 自由「深度」学習をし始める

## 👉 本当に大事なものは何か

　あるクラスに知的障害をもつ子どもがいました。そのため課題を全員達成できないことが続きました。もちろん、その子に対して達成できないことを責めるのではなく、子どもたちは前向きに取り組み続けました。

　あるとき子どもたちが集まり相談していました。そして、帰りの時間にクラス全員が教卓前に集まりました。代表の子が言いました。「先生の課題は〇〇さんには合っていないと思う。だから、〇〇さんの課題は私たちがつくる。その私たちがつくった課題をできたら、〇〇さんは課題達成したとしてほしい」と申し入れたのです。

　担任の教師は全員に向かって、「それで全員が納得しているのだね？」と聞くと、全員（その中には〇〇さんも含まれます）が強く頷きました。教師は「わかった。それでいい」と言いました。

　学習の内容を理解することに絶対的な価値があるのではなく、それをどのように学び取るかの価値をクラス全員が理解できたからこそ、このような申し入れができたのです。

## 👉 自由「深度」学習

　このようなレベルに到達できれば、進度だけではなく深度（すな

**わち、学習内容のレベル）さえも子どもたちが自己コントロールすることができるようになります。**

　しかし、学習のレベルに合わせた多様な教材を、一から教師が作成しようとしたら、その労力は膨大になります。他人のフンドシを利用しましょう。

　小学校の場合は業者テストを利用します。業者テストの中で通過率の低い問題を抽出し、その問題を含めたシートを発展問題とし、通過率の低い問題を除外したシートを基礎問題とします。

　中学校・高校の場合、世の中にはさまざまな難易度のドリルシートが用意されています。発展問題と基礎問題の２種類を用意しましょう。それを棚に用意し、子どもたちが自由に選択できるようにします。子どもたちには、発展問題２割、基礎問題８割から出題することを予告します。

　しかし、その先もあります。

　学校で決めるのは定期テストの日時と範囲だけです。どのような教材を使って、どのように勉強するかは子どもたちに委ねます。

　意外だと思いますが、皆さんには、この自由「深度」学習の経験があります。

　受験です。

　高校入試、大学入試、そして教員採用試験において、「志望校に入る」「教師になる」という至極単純な目標のために、自分に合った教材を選び、自分に合った勉強法を選び、年単位の学習をしたことがあります。それを単元レベルでやればいいのです。クラスの中には、それができる子が必ずいます。その子に関わることによって、周りの子どももできるようになるのです。

第**4**章　やってみよう！　『学び合い』でできる自由進度学習　実践編　71

# 計画を立てる必要があるか？

## 👉 大人の「計画的」とは

　私が学部ゼミ生の計画性のなさをからかっている場面の話です。そこに Kan さん（西川研究室所属の現職派遣院生）が話に入ってきました。

　**Kan さん**：おまえな～、計画的ということわかってる？　きっと、ちゃんとした計画を立て、きちんきちんとそれを実行することだと思っているだろ～。

　**学部生**：（頷く）

　**Kan さん**：計画的というのはな～、早め早めに仕事を終わらせることなんだ。

　実にコンパクトで意味のある表現です。社会に出れば、自分のペースで、自分の計画どおりに仕事をこなせるなんてあり得ません。それが普通です。もし、自分のペースで、自分の計画どおりに仕事がこなせるとしたら、その人が無能だと周りから思われている証拠です。社会において有能であると認められた人なら、自分の予想とは別に、どんどん他人の仕事が割り込んできます。それも、とんでもない仕事がドカドカとです。だから、社会に出てできる計画性とは、とにかく自分の目の前にある、できそうな仕事から早め早めに終わらせていくことしかありません。

私が見る限り、多くの自由進度学習の実践では詳細な計画を立ててから始めるようにしています。あたかも夏休みの計画表を書かせるようなものです。皆さん、あれ役に立ちましたか？　結局、「できることを早めに終わらせる」という意識がなければ、すべての計画は無意味です。

　大きなプロジェクトで大人数が調整する場合は必要ですが、大人社会では夏休みの計画表のような予定は立てません。**『学び合い』による自由進度学習の場合も個人の計画ですので不要です。**

# 👉 自由進度学習の計画

　受験勉強を思い出してください。夏休みのような計画は立てなかったと思います。「〇〇という問題集を早めに終わらせる」程度の大雑把にやるべきことを決めて、あとは早め早めにやり続けたと思います。その結果として、次にやるべきものが見えてきます。ただし、すべての子どもがこのレベルのことができるかといえば、できないでしょう。

　第一に、やれることをやり続けることができるわけではありません。しかし、周りの子どもからの「やろうよ」によってやれることをやり続けることができる可能性は高まります。

　第二に、何をやればよいかです。授業1回ごとに課題を与えられる『学び合い』のレベルで、自由「深度」学習に至る前だったら、何をやらねばならないかを考える必要性はありません。しかし、自由「深度」学習のレベルになれば、どんな参考書を読めばよいか、どんな問題集の問題を解けばよいかを自分で判断しなければなりません。そして、これをアドバイスできる子は必ずいます。

第**4**章　やってみよう！　『学び合い』でできる自由進度学習　実践編　73

# 一定周期で自分の振り返りを みんなで共有する

## 👉 自己分析と課題設定をする

　大人レベルの計画性を獲得するには、夏休みの計画表のようなものを書かせるのではなく、自己分析とそれを踏まえた課題設定が必要です。具体的には、**「現状の自分の課題」「課題を解決するための方法」「現状の困りごと」**の三つを数百字程度にまとめたものを各自作成します。もちろん、書けないならば書けなくてよいです。

　書き終わったら、全員分を教室に貼り出します。

　1週間後に次のように語ってください。

---

　1週間前に全員の計画を貼り出したね。それらを見た？

　質問です。3人以上の計画を見て、それらの人にアドバイスをしたり、アドバイスを受けたりできた人は手を挙げて。

　（おそらく全員が手を挙げるでしょう）

　手を挙げた人は立ち上がってください。

　質問です。10人以上の計画を見て、それらの人にアドバイスをしたり、アドバイスを受けたりできた人は手を挙げて。

　（おそらくぐっと人数が減ります）

　手を挙げていない人は座ってください。

　質問です。20人以上の計画を見て、それらの人にアドバイスを

したり、アドバイスを受けたりできた人は手を挙げて。

（おそらく全員手を挙げられません）

手を挙げていない人は座ってください。

このクラスには30人います。だったら、全員が成長し幸せになるためには、何人の計画を見て、それらの人にアドバイスをしたり、アドバイスを受けたりできるようになるべきだろう。

自分以外の29人だよね。

では、なぜ、それができなかったのだろう。

富士山がなぜ高いのか知っている？　理由は裾野が広いからだよ。ここにいるみんなが高いステージに立てなければ、自分が高いステージに立てない。1人も見捨ててはダメだよ。

3日後の3限に1校時、君たちに任せる。その時間を使って、全員が高いステージに至れるような計画を立てなさい。そして、このクラスがもっとよくなるためには何が必要かを考えてください。

期待しているよ。

夏休みの計画表のような計画を作成させる時間があったら1か月に1回程度、このような時間を設けるほうが、大人の計画性を子どもたちに獲得させることができます。

## 👉 集団のレベルアップを常に考える

集団がレベルアップしたら、教師がこの日に何をやるかといった計画を立てる必要はなくなります。授業中に子どもたちが関わり合うときに、**今後の進行を考えられる子どもが、学習内容のアドバイスに留まらず、一人ひとりに必要な計画のアドバイスをするようになります。** 考えてみてください。新任教師が仕事で迷ったとき、校長がスケジュールを設定する必要がありますか？

第4章　やってみよう！　『学び合い』でできる自由進度学習　実践編　75

# 一定周期で教師との問答を行う

## 👉 学びを人生レベルにするために

　集団の質やレベルを定めているのは全体の2割弱の子どもたちです。その子どもたちは、『学び合い』は自分の勉強にもなるし、とても居心地がいいというメリットを実感しているはずです。

　しかし、そのレベルではあくまでも授業レベルに留まることになります。卒業して、別の学校に進学すれば、それで終わりです。それでは子どもたちの人生の大部分を占める学校を卒業した後を守ってくれる仲間を得ることができません。

**子どもたちに人生の生き方を伝える必要があります。**

## 👉 子どもの学びのレベルアップの実施方法

　先に述べたように、単元を丸ごと『学び合い』で自由進度学習にすれば進行速度が驚異的に速まります。つまり時間に余裕が生まれるのです。そこで、クラスを4分割して、1か月に1度7、8人を教室の後ろに集めて、教師への質問コーナーを設けます。

　質問内容は森羅万象天地間の何でもアリです。7人合同でやるのは、人の質問が自分の言語化できない疑問を明らかにするからです。おそらく最初の段階は「先生の好きな食べ物は何ですか？」レベルの質問でしょう。しかし、それが生き方の質問にまで至るようにな

ります。西川研究室でも定期的にやっていますが、意外なことに『学び合い』の研究室なのに、『学び合い』の質問はほとんどないのです。なぜなら、その程度の質問だったら本に書いてあるし、周りの人に聞けばよいだけのことだからです。

　彼らの質問は多岐に渡っています。「投資を始めたいのですが、何がよいですか？」「実家の家を最終的に受け継ぐことになっていますが、放棄したほうがよいですか？」「彼女と喧嘩してしまったのですが、どうしたらいいですか？」「パートナーの家に遊びに行くのですが、おすすめのお土産はなんですか？」等々です。それに対して、私は「イエス／ノー」のように単純に回答するのではなく、「幸せになるためには何が必要なのか」というレベルまで立ち返って、個々の問題に対して回答しています。

**こうした質問コーナーを通して、『学び合い』でいま学んでいることは、大人になってからの一生涯の幸せにつながることを子どもたちに伝えています。**

　ちなみに、私のゼミの卒業生・修了生は、自分の勤務校でそれを実践しています。それによると、子どもたちの質問のレベルや時系列による変容は、小学校、中学校、高校で違いはありませんでした。なぜなら、クラスをリードする子どもの問題意識に年齢差は関係ないからです。その子たちの質問を聞くことによって、周りの子どもも同じ問題意識を持てるようになるのです。

　なお、子どもの質問が「先生の好きな食べ物は何ですか？」レベルを超えられなかったら、「西川純研究室」で検索すれば、それを超える方法が見つかります（https://nishikawa-lab.jimdofree.com/）。それを紹介すれば、少数の子どもは視聴するはずです。そうすれば、質問のレベルがぐんと変わっていきます。

## COLUMN 4

# 手立てやしかけは
# 極限まで削れる

　ここまでに単元丸ごとを『学び合い』による自由進度学習で取り組む始め方を紹介しました。持続的に実践していくにはもっと多くのことを学ぶ必要があります。しかし、本書1冊を読むだけで始めたとしても『学び合い』による自由進度学習で実現できることの7割程度には到達できます。

　そして、ここまでのことがわかっていれば、小学校、中学校、高校のどの教科でも安定的に実践できます。これってすごくないですか？

　今までの教育実践は教科の内容に依存しています。方法も子どもの発達段階に大きく依存します。ところが、『学び合い』ではクラスをリードする子どもの心に火を付けるにはどうしたらよいかを中心に考えています。そのリードする子どもは、どの学校種においても、どの教科においてもほぼ同じ行動をするので普遍性が高いのです。

　それゆえ、『学び合い』による自由進度学習における「しかけ」は極限まで削ることができます。

　次章では、新しい「しかけ」を紹介します。これがわかれば、飛躍的に取り組みは簡単になり、効果は一段と高まります。

# 第 5 章

# 自由進度学習、こんなことに困ったら？Q&A

　『学び合い』は極めてシンプルで、教科の内容、学習段階に無関係に取り組むことができます。そのシンプルさゆえに『学び合い』を実践すると発生する問題も、極めてパターン化されています。

　何度も申しましたが、『学び合い』は膨大な実証的な学術研究と実践研究に基づいております。繰り返される学術と実践の往還によって、『学び合い』は精緻化されています。そのため、起こりうる問題のすべてに対して、対策が練られているのです。

　本章では、その中で最も頻度の高い問題を取り上げ、その対策を紹介します。おそらく、本章を理解するだけで、8 割強の問題に対応できます（それ以上は、最後の読書ガイドをお読みください）。

# 悩む前に、集団の構造の セオリーを知っておこう

## 👉 集団が変化するときの構造

　新たな製品・サービスに対する行動を分析した研究にロジャーズの「普及化理論」、ムーアの「キャズム理論」があることは先に述べました。それらによれば、理屈だけで理解する**イノベーター 2.5%**と、主に理屈によって理解する**アーリーアダプター 13.5%** がいます。**合わせて 16%の人は理屈が通っていれば、その製品・サービスを採用するのです。**

　一方、理屈を理解しようとせず最後までその製品・サービスを採用しない**ラガードが 16%**います。そして**残りの 68%がマジョリティ**です。このマジョリティは理屈ではなく、周りの人が採用しているか否かが判断材料です。ただし、このマジョリティの中には自分の周りの 2 割程度が使っていたら採用するという、アーリーアダプターに近いアーリーマジョリティもいます。一方、周りの人のほとんどが使っていたら採用するという、ラガード寄りのレイトマジョリティもいます。

　現在、スマートフォンは多くの人に使われています。しかし、その初期はいわゆる新しいもの好きと見なされる人のオモチャでした。その人たちは、限られた情報をもとにそれが真っ当かどうかを判断し、購入しました。イノベーター、アーリーアダプターの人た

ちです。

　スマートフォンの便利さに気づく人が増えてくると、使っている人が多いという理由で「私も」と購入する人が増えました。マジョリティの人たちです。そして、現在もガラケーを使う人や、それすらも持たない人がいます。ラガードの人たちです。ロジャーズとムーアは、このような行動をする人たちの構造を明らかにしました。

## ☞ 新しい変化を始めるときの戦略

　この構造を理解すれば、新たな製品・サービスを広げる戦略が明らかになります。

　第一に、全員に理解してもらおうという戦略は成立せず、失敗する危険性が高いのです。

　どんなにその価値を語っても、周りの子どもや教師が採用していない製品・サービスを68%のマジョリティは採用しません。そして、周りのほとんどの子どもや教師が採用しても採用を拒否するラガードが16%いるのです。しかし、ちゃんと説明すれば理解し、採用するイノベーター、アーリーアダプターがいることも確かです。

　次の段階に、より多くのマジョリティの人たちにわかってもらうためには第二、第三の戦略が必要です。

　第二の戦略は、マジョリティが誤りなく使用できるような一連の補助品（ホールプロダクト）を用意します。先に挙げた、「課題の答えを教卓に置く」「ネームプレートの移動によって『できた / できなかった』を可視化する」がそれに当たります。

　第三の戦略は、**いきなり全校で実践するのではなく、本気でやろうとしている人たちと小さく始めること**です。そこで成功すれば徐々に実践者が増えていきます。

# Q1
# 自由進度学習に
# 問題が起こったら

## 👉 原因はリードする子どもたち

　自由進度学習で問題が起こったら、その理由は何でしょうか？

　第一に理解すべきは、自由進度学習だから問題が起こったのではなく、問題が見えやすくなっただけのことです。問題行動を起こす子どもを思い浮かべてください。今までの授業で問題を起こしていませんでしたか？　黙って前を向いているかもしれませんが、本当に学習に向かっていましたか？　否ですよね。

　クラスをリードする子どもたちはクラスで起こっている問題を、百も承知、二百も合点しているのです。ただ、それに第三者の人たち（つまり教師）が気づいていないかもしれないと思えば、我関せずと決め込むことは可能です。

　しかし、わかりやすい状態となれば、その問題に対して自分たち（クラスをリードする子どもたち）がどのような言動をしているかを見られていることを意識します。教師はそのことが自分たちにとって損であることを再認識する語りをするのですから、改善する行動をせざるを得なくなります。

　**『学び合い』による自由進度学習の文化が定着すれば、教師が問題に気づく前に、クラスをリードする子どもたちが問題解決をする行動をします。そして多くの子どもたちがそれをサポートします。**

そのため、問題行動がなくなります。しかし、その段階になっても問題が起こるのはなぜでしょうか？

　問題を起こした子どもが原因ではありません。本来だったら問題を解決するクラスをリードする子どもたちが、問題を解決する行動をしていないことが原因です。

# ☞ 原因は教師です

　クラスをリードする子どもたちの行動に影響を与えることができるのは誰でしょうか？　教師です。結局、子どもたちに言った言葉を教師自身が本気で信じられていないからです。そのことをクラスをリードする子どもたちは見抜きます。

　ちなみに、若いゼミ生が2時間で学級崩壊を解決することができるのには理由があります。彼らには経験も技術もありません。しかし、彼らは子どもたちに語っていることを本気で信じているのです。

　他方、こんなことがありました。「まあ3割の子どもができればよい」と思っていたかなり難しい課題を与えたところ、クラスの1人以外全員できました。うれしさのあまり「今日は全員できたね！」と思わず言ってしまいました。その一言をクラスをリードする子どもたちは聞き逃しませんでした。

　もし、教師が本当に全員達成を願っていたら絶対に出ない言葉です。本当に全員達成を願っている教師ならば、**「難しい課題だけど多くの子どもがそれを達成した。しかし、全員達成ではない。それを乗り越えるために何が必要かみんなで考えよう」**と言うはずです。

　その日以降、クラスをリードする子どもたちは手を抜き始めたのです。子どもたちにとってはその子も仲間です。その一人の子を見捨てていいという態度を教師がしたということを、子どもたちは見逃さなかったのです。

第5章　自由進度学習、こんなことに困ったら？　Q&A　83

# Q2
# ひとりぼっちの
# 子どもがいたら

## 👉 一人で学ぶことが問題なのではない

　ソーシャルスキルの低い子どもがいた場合、自由進度学習のような自由度の高い学習ではひとりぼっちになりがちです。その子のエンピツが止まっていると教師はやきもきしてしまいます。その子に向かって「〇〇さんに教えてもらったら」と促しますが、動きません。そんなことをして拒否されたり、馬鹿にされたりするのが嫌なのです。

　そこで、その子を強制的にどこかのグループに入れようとするかもしれません。しかし、今度は班の中でひとりぼっちになります。これは教室の中でひとりぼっちになるより辛い状態です。

　先に述べたように、一人で学ぶことは駄目なことではないのです。そのことを教師が気にする必要はありません。**気にすべきなのは、その結果として全員達成しないことなのです。**その場合は、次のように語ってみましょう。

## 👉 クラス全体を考えることについて語る

　この勉強を続けているうちに、君たちの行動もだいぶ変わってきた。前よりも、いろいろな人と関わって、相談したり、教えてもらっ

たり、教えたりできるようになった。

しかし、全員達成はできていない。なぜだろうか？

先生がみんなの姿を見ていると、一人ひとりの視野が狭いように思える。「自分はわかるようになったらOK」「自分は周りの人に教えているからOK」という狭い範囲にしか目を向けていないのではないだろうか？

クラス全体を見回し、その中で自分のすべきことを考えて行動しよう。

1人見捨てるクラスは2人目を見捨てる。2人見捨てるクラスは3人目を見捨てる。そして4人目は君たちの誰になるだろう。1人も見捨てないクラスになれば、居心地はよく、勉強もわかるクラスになる。そしてそんなクラスの仲間は大人になってからもつながれる仲間になれる。今、君たち一人ひとりは、クラスのみんなに見られている。一生涯の仲間になりたいと思ってもらえる行動をしよう。

## 👉 教師が語れば子どもは動く

**クラスをリードする子どもたちは、誰が未達成を繰り返しているかを知っています。**しかし、「私がやらなくても」と手を抜いていたのです。しかし、先のように（82頁）、教師から語られると行動し始めます。

リードする子たちは、具体的にはひとりぼっちの子どものところに行き、「わからないことない？」と聞くかもしれません。しかし、話しかけられた子はうつむいて反応しないかもしれません。その場合は、リードする子が2、3人の子どもと一緒に机を移動してグループを形成し、話しかけるようになっていきます。そのことを繰り返す中で徐々に心を開き始めます。

# Q3
# わからないのにほかの子に
# 聞きに行かない子がいる

## 👉 教師が「全員達成は無理」と思ってませんか？

　子どもたちはなぜわからないことを聞けないのでしょうか？　それはわからないことはダメなことだと思っているからです。そして、成績が悪いとクラスの中での序列が下がると恐れているからです。

　では、なぜ、子どもはそう思っているのでしょうか？

　理由は教師がそう思っているからです。私はそうした考えを捨てるべきだと思っています。

　協働的な学習によってわからないことがわかるようになります。それは確かです。しかし、子どもたちにもともと備わっている能力的な差は如何ともしがたいものがあるのも事実です。とくに、数学・算数、体育、物理では、その差が如実に表れます。そのため、全員達成が困難か不可能になる可能性があります。それが続くと、教師自身が「全員達成は無理」と思い始め、それがクラスをリードする子どもたちに徐々に伝わってしまいます。その場合は、次のように語りましょう。

　人には得意、不得意なものがある。先生はそれで問題ないと思う。たとえば、算数では四則演算が多くを占めている。でも、今の時代、計算機で計算すればいい。計算ができないと買い物ができないとい

う人もいるけど、バーコードを読み取れば計算してくれる。

　跳び箱が跳べない人もいる。でもね、大人になって道を歩いていたら跳び箱が置いてあることはないよ。君たちはこんな話を聞いていると、「じゃあ何で勉強しているの？」と思うかもしれない。

　先生はすべての人が学ばなければならないというものはないと思う。わかることよりも、どのようにわかるようになるかが重要だと思う。わからない人に対して偉そうにせず、わかる人に対して卑屈になることもせず、対等に関わり続けることを学ぶことに意味がある。それこそが大人になって大事なことだ。

　**全員達成ができないことが続いている。しかし、君たちを見ていると全員達成より大事なことを達成し続けているよ。それは全員達成をあきらめないということだ。**それにね。君たちを見ていると、いつか全員達成を実現できると感じることで先生はワクワクしている。

## 👉 変化はゆっくり起こる

　この語りによってわからない子どもの行動はあまり変化しないと思います。その子たちは先生ではなく、クラスのみんなから馬鹿にされるのを恐れているからです。

　しかし、教える側の子どもは変化します。「わからないことはない？」と聞いてもうつむく子がいたら、先に示した教師の語りを利用して、「わからないことがあってもいいじゃない。私だって不得意なものはあるよ。一緒にわかるようになろうよ」と語るのです。そうすると「この子は馬鹿にしない」と思うようになり、おずおずと聞き始めます。

　この積み重ねから、わからないことを聞ける子どもが増えていくのです。

第**5**章　自由進度学習、こんなことに困ったら？　Q&A　　87

# Q4
# 遊んでいる子がいたら

## 👉 行動を正せるのは隣の子ども

　西川研究室での研究の中に、少年自然の家でのサマーキャンプを対象とした研究があります。サマーキャンプには全国からさまざまな子どもが集まり、グループをつくって寝食を共にします。グループのメンバーは初対面です。

　サマーキャンプの期間、グループは1列に並び、少年自然の家の指導主事からさまざまな話を聞く場面があります。話に飽きてよそ見をしたり、遊び出したりする子どももいます。我々が着目したのは、「指導主事」「ボランティアの大学生」「同じグループの子ども」のそれぞれが注意した直後に、その行動は正されるのか、また、次に遊び出すまでの時間を測定しました。その結果、直後の変化と持続時間ともに「列の前後の同じグループの子ども」から圧倒的に影響を受けることがわかりました。

　グループメンバー同士は初対面にもかかわらず、一番強力に影響を受けるのは「列の前後の同じグループの子ども」だったのはなぜでしょうか？

　短くとも寝食を共にします。もしも関係が崩れれば、数日間、気まずい時間を過ごさねばなりません。だからです。そうであるならば1年間一緒に過ごすクラスメイトが影響力を持つのは当然です。

# ☞ 子どもの一声で変わった

　私の教え子の事例です。初任は小学校 5 年生を担任することになりました。そのクラスには 1 年生から 4 年生まで算数がほぼ 0 点の子どもがいました。歴代の担任は知的障害を疑っていました。西川ゼミ OG のその教師は『学び合い』を実践しました。その子はいじめられていませんでしたが、クラスではお客さんのような扱いでした。『学び合い』によって周りの子どもが積極的に関わるようになって、その子はニコニコしてみんなの近くに座っています。しかし、問題は解けません。しかし、周りの子どもは責めるではなく、関わり続けたのです。

　あるとき、ある子が「〇〇さん、九九を覚えたほうがいいよ」と言ったのです。そうしたら 1 週間で九九を覚えました。そうすると問題を解けるようになります。その子が問題を解けると、クラス全員が歓声を上げるのです。1 年もたたずに算数を普通に解けるようになりました。

　その子には知的障害はありません。ただ学ぶ意味を見出せなかったのです。しかし、ほかの子どもとの関わりは楽しく、その関係を維持発展させたいと願い始めたのです。それによって算数を学ぶ意味が生まれたのです。

　**子どもに対して子ども集団は強力な影響力を持っています。子ども集団が全員達成を求めれば、遊ぶ子はいなくなります。**どうやって影響するかは子ども一人ひとり違うと思います。そして教師にはそれを見出す力はありません。あるならば、もっと早く子どもは変わったはずです。子どもたちは多様なアプローチで関わり、手探りでその子どもにフィットする関わり方を見出します。

# Q5
# 成績が上がらなかったら

## ☞ 教師は最低点を意識しよう

　最初は日々の課題を全員達成しているか否かに注目させますが、しばらくしたら**「単元テスト、定期テストの最低点を満点の何割以上にする」**という課題にシフトしてください。**最初は6割以上に設定してください。おそらくかなり難しいと思います。**注目してほしいのは平均点ではなく最低点に着目している点です。これは全員達成を目指した学習だからです。

　最低点に課題をシフトしても、子どもたちは日々の全員達成にこだわります。その結果、本当にわかっていなくても「わかった」にネームプレートを動かす子どももいます。また、教えられた子が本当は「わかっていない」ことをわかっているのに、「わかったこと」にしてしまう教える子もいます。その結果として、人間関係の向上は見られるかもしれませんが、成績の向上は見られないことが起こります。その場合は次のように語ってください。

　今回の単元テストでは平均点は〇〇点でかなりいい点数だった。しかし、ここに点数の分布の表を用意した。今回の目標は全員が満点の6割以上になることだ。分布を見ればわかると思うけど、満点近くに多くの人がいる。しかし、6割以下の人もかなりいる。

今回のテストで一番難しかったのは4番の問題だ。4番の問題を解けた人は手を挙げて。手を挙げた人は立ってほしい。

　先週の木曜日の授業で解いた問題を黒板に貼るね。さて、この問題と4番の問題に違いはある？　ないよね。問題の表現をちょっと変えただけのことだ。先週の木曜日の授業では全員達成をしていた。つまり、この問題は全員が解けた。それなのに4番の問題を解けない人がこれだけいるのはなぜだろう。

　先生が詳しく説明しなくても君たちにはわかっていることだろう。

　4番の問題が解けて立っている人も、4番の問題が解けなかった座っている人の両方とも、何かが足りなかったんだ。

　君たちのテスト用紙に書かれている点数は、君たち一人ひとりの成績だ。**しかし、テストの点数の分布は、このクラス全員の成績だよ。**このクラスでの1年、そして、君たちが大人になったときの幸せを保証している成績だ。

　全員達成はごまかすことはできる。しかし、テストの点数の分布はごまかすことはできない。すべきことはみんなわかっている。次回のテストを期待しているよ。

## ☞ 語りでリードする子どもが変わる

　こう語れば、クラスをリードする子どもの行動が変わります。6割を達成したならば、7割、8割に上げてください。上がれば上がるほど、集団の質は驚異的に上がります。

　単に平均点を上げるだけならば、相対的に人数の多い成績が中ぐらいの子どもたちに合わせたドリル学習をすれば実現できます。しかし、点数分布はいびつなフタコブラクダのようになり、下位層の子どもは減少しません。

## COLUMN 5

# 集団づくりは
# 全員の問題を全員に
# 考えてもらうこと

　学級で起こるさまざまな問題に対して、教師一人が解決策を考え、それを子どもに強います。残念ながらその解決策に学術的根拠はなく、あるのは個人的なレベルです。だから、教師が解決策を考えるのをやめましょう。その代わりに、問題を解決することが自分たちにとって得であることを子どもたちに思い起こさせればいいのです。

　有機的な集団を創り上げれば、個々の問題ごとの解決策は不必要になります。起こる問題ごとに子ども集団の中で解決するために、多様な方法を柔軟にやり続けます。

　西川研究室ではそれゆえ、私が気づけるレベルの問題はほとんど起こりません。しかし、まれに違和感を持つ場合があります。5 年に一度ぐらいです。その場合は、全員を集めて次のように語ります。

　これは大人が相手でも子どもが相手でも同じです。小学生のクラスでも同じように語るだけで、子どもたち自身が考え始めます。

---

　なんだかわからないが、君たちを見ていると違和感を持つ。今、集団にどんな問題があるかはわからないし、知りたくもない。しかし、君たちはわかっているはずだ。そして、それをそのままにせず解決することが君たちのためであることはわかっているはずだ。なんとかしなさい。

# 第6章

# 異学年で一緒に行う
# 自由進度学習がすごい

　本章では異学年合同で行う『学び合い』による自由進度学習を紹介します。これがわかれば、今までの乗り越えるのが困難だった多くのことが、魔法のように解決します。そして、効果は 絶大です。

　自律的な集団を創るためには、多様で多数のほうが成立しやすいです。たとえば、自分に合った説明をしてくれる人を見つけやすくなります。

　自分に合った説明をしてくれるのは、自分よりちょっとわかる子（それゆえ、相手のわからない点がわかる子）なのです。そのような子を見出せるには、多様で多数のほうがよい。この方向性で研究を進めた結果が異学年合同で行う『学び合い』による自由進度学習なのです。

# 異学年で一緒に
# 『学び合い』をするのは
# 簡単です

## 👉 学年構成と集団の有り様

『学び合い』の研究の中に、異学年が合同で行う『学び合い』（以下、異学年『学び合い』）の研究があります。

小学校の総合的な学習の時間を異学年合同で行い、グループ編成を子どもたちに任せました。その各グループの話し合いの様子を観察していると、グループの学年構成によってまったく異なった話し合いになることがわかりました。

単学年で構成された場合（これは2年生でも、3年生でも、6年生でも同じです）は、最初はうまくいくのですが、意見の対立が生じた場合、意見が通らなかったメンバーが非協力的になるのです。まあ、「あんたらのやりたいようにやって」というスタンスです。

2学年で構成された場合（1年生と3年生、2年生と6年生のいずれでも同じです）は、上級生が主導して、下級生の意見は聞き流されます。上級生に悪気はありません。ただ、下級生の意見のとおりにやればどうなるかが予想できるので、下級生の意見を採りません。この結果、上級生は下級生のお世話係のようになり、負担を感じます。下級生は自分の意見が無視されていると感じます。

**ところが3学年以上で構成された場合、うまく機能するのです。**
この場合は、話し合いの中心は中学年と下学年です。両者が積極的

に意見を言い合うのです。中学年が2学年構成のように下学年を抑え込もうとしないのは、自分より年齢の上の上学年がいるためです。だからあまり偉そうになりません。

　昔から、よい学校の職員室は「中堅が考え、若手が走り、ベテランが守る」という構造が成り立っています。子どもも3学年以上で構成すると、その構造が自然と成り立ちます。

　異学年で子どもに任せた場合、教師が介入する必要はほとんどなくなります。自分のクラスだったら遊ぶような子も、下級生の前では年長者として振る舞います。教師の言うことを聞かない下級生も、上級生の言うことには素直に従います。

## ☞ 部活を思い出してください

　中学校、高校の部活の顧問になった方々にお聞きします。1年、2年、3年をバラバラにして部活を指導するのと、1年、2年、3年を一緒にして部活を指導するのと、どちらのほうが望ましいと思いますか？

　自明ですよね。教育実習も経験していないゼミ生に出前授業で『学び合い』をさせると、2時間で学級崩壊を解決できるのですが、それにはこの学年構成の力学を使います。『学び合い』の授業を見せてほしいとオファーがあった場合、3学年のそれぞれで一番手のかかるクラスを集めて『学び合い』を実践することを条件としています。こうすると必ずうまくいくからです。

　その学校の先生方には、学級崩壊したクラスを「3クラスも！さらに異学年で！」となるととてつもなく難しいことをやっていると「誤解」してもらえます。**しかし、異学年『学び合い』の場合、失敗させることが難しいほど簡単なのです。教師の手立てがなくても、自律的な集団が自然発生するからです。**

第6章　異学年で一緒に行う自由進度学習がすごい　95

# 異学年で一緒に『学び合い』による自由進度学習を体験

　子どもに『学び合い』による自由進度学習をする下地づくりとして、異学年『学び合い』を行うことはとても効果的です。

　異学年『学び合い』のやり方は、場所としては、体育館のような広い場所で行います。参加するクラスの数だけホワイトボードと参加する子どもたちのネームプレートを用意します。ホワイトボードには「できた」と書き、〇で囲みます。答え合わせのための解答例も貼っておきます。課題はクラスごとにバラバラで結構です。教科を統一する必要はありません。1年1組は国語、1年2組は数学、2年1組は社会、2年2組は英語、3年1組は理科、3年2組は社会でいいのです。

　**なお、最初の異学年『学び合い』は2時間連続でやってください。**

　全員が並んでいる状態で、参加するクラスの担任（小学校は学級担任、中高は教科担任）の一人が次のように語ります。

---

　全員達成が大事であることは耳にたこができるぐらい言われただろう。全員達成の意味を君たちは知っている。本日の全員とは、ここにいるすべての学年、クラスだ。課題は既に渡しているよね。では、〇時〇分になったら、元の場所に戻って聞く体制になってください。では、どうぞ。

こう伝えても、おそらくクラス内だけで学び合っています。その結果として、全員達成ができないクラス、学年が生まれるはずです。

1時間目の終わりになったら、次のように語ってください。

---

　さて、ホワイトボードを確認しよう。3年1組は全員達成。3年2組は全員達成。2年1組は全員達成できなかった。2年2組は全員達成。1年1組は全員達成。1年2組は全員達成できなかった。

　つまり6クラス中4クラスは全員達成できたことになるか？　いや違う、今日の目標は6クラスが全員達成することだ。つまり、1クラスでも達成できなかったら目標は達成できていない。

　さて、達成したクラスの皆さん、途中、ほかのクラスのホワイトボードは見ましたか？　見ていれば、終わりそうもないことに気づくはずだ。達成しなかったクラスの皆さん、途中、ほかのクラスのホワイトボードを見ましたか？　見ていれば、自分が今解いている教科の得意そうな人で、終わっている人がいることに気づくはずだ。なぜ、その人の所に行かなかったのだろう。

　部活に所属している人も多いだろう。異学年で人数が多い集団で、みんながうまくなるにはどうしたらいいかを知っているはずだ。頭を使ってやってみよう。

---

**こう語れば、各学年、各クラスのクラスをリードする子どもたちが、単学級や同学年合同の『学び合い』とは違った戦略を採らなければならないことを理解します。**2時間連続の『学び合い』ならば、その子たちは次の2時間目の手前の休み時間から、戦略的に動きます。ほかのクラスのホワイトボードを見に行き、準備を始めます。

　以上のことから、教育実習すら経験していないゼミ生でも、学級崩壊しているクラスを魔法のように変えることができるのです。

第**6**章　異学年で一緒に行う自由進度学習がすごい　**97**

# 異学年『学び合い』の
# 導入方法

## 👉 一緒にやってくれる先生を見つけよう

　自分のクラスで単元丸ごとを『学び合い』で自由進度学習するレベルのことは、教師本人がやろうと思えば、すぐにでも実践できます。ところが複数の学年が関係する異学年『学び合い』では、一緒にやってくれる先生の確保が必要です。

　最初に理解してほしいのは、『学び合い』は超シンプルな実践なので、教師の心が子どもたちに反映しやすいということです。しかけ満載の教材・教具を前面に出した授業ならば、どの教師がやっても同じ結果は得られるでしょう。しかし、先に述べたように**『学び合い』は教師の腹を読むのに長けた2割弱程度の子どもを動かす実践です。**だから、やりたくない教師の腹も読まれてしまいます。

　子どもと同じで、職員集団の中の2割弱には『学び合い』に親和性の高い教師がいるはずです。だから、週イチ程度で一緒にやってくれる先生を見出すことは難しくないと思います。その先生のクラスと体育館、もしくは会議室に集まってやり始めてください。おそらく、すぐにおもしろさを理解してもらえると思います。

　『学び合い』がわかったら、他教科の課題づくりもできるはずです。なぜなら、テスト問題から逆算する方法は、教科を超えて使えます。すばらしい課題ではなく、クラスをリードする子（その多くは成績

上位者）が誤りなくその趣旨を理解できる課題を用意します。

# 👉 同僚への説明の仕方

　多くの教師には『学び合い』で成績が上がることは理解できないし、理解したくないと思います。だから、人間関係づくりの意味合いで説明することをおすすめします。

　たとえば、日本の学校では学年が１クラスのみの小学校、中学校は少なくありません。そのような学校の子どもたちは、幼稚園・保育所からずっと同じメンバーで学んでいます。その結果、集団の中の役割が固定されてしまい、そこそこの勉強で満足してしまいがちです。さらに進学先の多様性のある集団になじめずドロップアウトしがちです。このような問題点を説明すれば、理解される可能性は高まります。

　さらに、後述する受験対策も説得力はあると思います。受験や進路という課題に直面している３年生の切羽詰まった話を生で聞くことは、１年生、２年生の心を揺さ振ってくれるはずです。部活動指導に熱心な先生ならば、すぐに理解していただけるでしょう。

　焦らず、じっくりと結果を残し、広げましょう。

　また、働き方改革にもつながる場合があります。ある中学校の校長先生が『学び合い』推進者でした。その学校は学年１クラスずつの学校です。**社会科の先生は、すべての時間、３学年合同の『学び合い』をやりました。結果、その先生の担当時間は週４時間になったのです。**

　このような運営は法的には何ら問題はありません。時間割編成の権限は校長にあります。その校長が、そのような編成をすると、どのようなメリット（たとえば、先に述べた固定的な人間関係の打破等）があるかを教育委員会に説明できれば OK なのです。

第**6**章　異学年で一緒に行う自由進度学習がすごい　**99**

# 注意すべきただ一つのこと

## ☞ 異学年『学び合い』は子どもを大人にするのが目的

　異学年『学び合い』は、失敗させることが難しいほど、自律的に健全な集団が生まれます。しかし、たった一つ失敗してしまう方法があります。逆に、そこだけ理解していれば、必ず成功します。

　多くの教師は異学年学習のメリットは、上級生が下級生を教えて指導してくれることと考えています。そのため、上級生にはお兄さん・お姉さんになることを求め、下級生には弟・妹になることを求めます。3学年以上で集団を構成した場合、最上級生にお兄さん・お姉さんになることを求め、それ以外の学年に弟・妹になることを求めます。これでは先に紹介した2学年構造になってしまいます。上級生は負担を感じ、下級生は疎外を感じます。

　わかりやすい兆候は、上級生が担任に「下級生を教えるのが忙しいから課題量を減らしてほしい」と求めることです。

　我々は健全な『学び合い』集団が異学年『学び合い』をしたときの会話を分析しました。その結果、会話の相手のほとんどは、同学年、同クラスなのです。考えてみれば当たり前のことです。同学年同士なう同じ課題を解いているのですから、「これどうやればいいの？」ですぐに通じます。他学年だと、問題文を読んで思い出さなければなりません。

異学年『学び合い』のメリットは教え / 教えられる関係性にはありません。**本当のメリットは違った学年が同じ空間を共有するだけで子どもたちの振る舞いが正される点なのです。**同学年だけだったら、甘えたり、遊んだりする子どもでも、下級生の前ではよい上級生と見られたいと思います。教師に対して甘えたり、反発したりする子どもも、上級生にはそれができません。そのために、次のように語ってください。なお、この語りの相手は子どもたちばかりではなく、「異学年学習のメリットは、上級生が下級生を教えてくれる、指導してくれる」と思っている教師に対しても語っているのです。

# ☞ 全員が最善を尽くすことを求めよう

みんなの様子を見ていると何か誤解しているように思える。異学年で学ぶ意味は上級生が下級生を指導したり、教えたりするためにあるわけではない。この学習では、全員が全員達成のために自分ができることをしなければならない。それは上級生だけがやるのではなく、ここにいるみんなだよ。

考えてみて、あることがわからなかったら、教えてもらえるのは上級生だけ？　そんなことはないことは自分のクラスでの授業でわかっているはずだ。それに、下級生からも教えてもらえたら素敵だね。今の学年でわからないことの原因は、前の学年で勉強したことかもしれない。そうだったら、今、それを学んでいる下級生のほうがわかりやすく説明してくれる。自分より年下に聞くことは恥ではない。先生もスマホのことは若い先生に教えてもらっている。いろいろな人に教えてもらえることは大人になってから大事なことだよ。

繰り返すよ。この学習では、全員が全員達成のために自分ができることをしなければならない。君たちのできることをやろう。

第6章　異学年で一緒に行う自由進度学習がすごい　101

# 固定化した人間関係を打ち破る

## ☞ 男女の壁を感じたら

　単学級、単学年での『学び合い』、また、単元丸ごとの『学び合い』において、なかなか乗り越えられない壁というものがあります。

　その一つが男女の壁です。小学校高学年以降になると、男女それぞれが異性を意識しすぎて、関わる相手が同性に限られてしまいがちです。おそらく、下手に関わると、周りからあれこれ言われるのが嫌だからです。

　もちろん、その場合は『学び合い』では大人になる練習をしていることを説明し、職員室での先生方を思い出させて、男女別になることの馬鹿馬鹿しさを説明して乗り越えようとします。

　しかし、異学年『学び合い』の場合、そのようなことを語る必要がないのです。

　上級生の男子が下級生の女子に教えることの抵抗感は低いです。また下級生の男子が上級生の女子に聞きに行くことの抵抗感は低いです。自分のクラスだけではなく、ほかの学年にも目を向けさせれば、男子や女子を意識し合うことなく、教え合うことができます。そうして、最後の語りの際に、それを価値づけてください。

# ☞ 情緒障害児への思い込み

　情緒障害のある子どもの場合、同じ学年の子どもの中には、その子に対する負の記憶があり、学年として固定概念が生まれている場合もあります。

　ところが、異学年の子どもはそのような負の記憶を持っていない可能性が高いです。そのようなことから異学年の子どもとの関わりが生じやすいのです。

　私自身が見た事例では、情緒障害で問題を起こし、同学年から敬遠されている子がいました。ところが、異学年『学び合い』をすると下級生の子どもたちが集まってきて人気者になっていたのです。その子の説明がわかりやすいと下級生の中で知れ渡ったためです。**その様子を見ているうちに、同学年の中にあるその子に対する偏見が軽減されました。**

　相手の気持ちを推し量れないタイプの子どもは悪気なく、相手を嫌な気持ちにさせることがあります。『学び合い』、とくに異学年『学び合い』の場合、その気がかりをさらりとかわせます。いろいろな人が関わり続けると、その子が周りの子どもと関わりたいという願いを持つようになります（先に紹介したかけ算を覚えた事例を思い出してください）。そこからなぜだかわからないけれども、相手が気を悪くするような自分の言動を覚えているようになります。すなわち、その子自身が NG 集をつくるようになります。その NG 集が多く集積され、整理されていくにつれ、対外的な問題が生じなくなります。

第**6**章　異学年で一緒に行う自由進度学習がすごい　103

# 『学び合い』をする
# 文化の継承

## 👉 『学び合い』は強制しないことが大事

　『学び合い』はしかけが極端に少ないです。そのため、素材である教師の心が前面に出ます。『学び合い』の最初の語りで語っていることを、語っている教師が信じていなければ、クラスをリードする子どもはすぐに見破ります。

　私のところには全国の校長や教育事務所長や教育長が研修にやって来ます。そして、管下の学校で『学び合い』を広めたいと言います。その場合、私が最初にお願いするのは、「『学び合い』を強いないでください」ということです。「え？」という顔をされます。私は「『学び合い』は教師の心で勝負する教育です。やりたくない人は絶対にできません。無理にやらせれば失敗します。むしろやりたい人が始めて、その成果で周りの人を巻き込みましょう」と話しています。

　異学年『学び合い』も学校の取り組みとして、強制的に参加させることをすすめません。まずは、やってみようとする人だけで始めればよいでしょう。その人たちの授業が重なる時間に、体育館に集まればよいのです。単学年での『学び合い』や単元丸ごとを『学び合い』で自由進度学習をする実践をしている方だったら、拍子抜けするほど簡単に実践できます。そして、「なんで今までやらなかったのだろう」と思うでしょう。

異学年『学び合い』を実践した後、その話を職員室で楽しく話しましょう。おそらく近づいてくる先生もおられると思います。そうしたら、「とりあえず〇曜〇限に体育館にクラスの子どもを連れてきてください。あとは我々がやります。ただ、先生が解いて10分強で達成できる分量の自習課題をつくってきてください」と言ってください（なお、小学校の場合は、先に紹介した課題集（49頁）を活用するのもありです）。

## ☞ 子どもたちと一緒に！

　先行して実践している先生方は、その日の異学年『学び合い』に参加するクラスで次のように事前に語ってください。

---

　今度の〇曜〇限での体育館での『学び合い』には、〇〇先生が参加することになった。もし、〇〇先生に、この授業はよいなと思ってもらえたら、〇〇先生の授業でもみんなで学び合えるようになるかもしれない。君たちはどのような行動をすればいいかはわかっている。期待しているよ。

---

　ちなみに、中学校、高校だったら教科担任です。だから、そのときに参加するクラスは、先行する先生の教科で既に経験済みである場合もあります。そうしたら、もっと簡単です。
　先行する先生方で、数回程度、最初と最後の語りをすれば、私もやってみたいと思うでしょう。そうすれば、子どもたちがちゃんとやってくれます。そのような中で、子どもも教師も、非常に安定して『学び合い』の文化の継承が行われるのです。
　**文化は書物の中で伝わるのではなく、集団に所属することによって伝わるものです。**

# 異学年『学び合い』が
# 先生方の変容を生む

## 👈 雑談する時間を生み出してくれる

　異学年『学び合い』には複数の教師たちが立ち合うことになりますが、この教師たちの変容を分析したことがあります。ある小学校でそこに立ち合うすべての教師の首にICレコーダーを装着し、その会話を記録分析したのです。担任の先生は、体育館に広がって活動している自分のクラスの子どもたちを探し出すのにヘトヘトになりますが、この授業では、教師全員が異学年集団の子ども全員の担任であることを確認します。

　54～55頁で教師の振る舞いについて紹介しました。最終的には子どもの近くではなく、遠くから全体を見るようになります。異学年『学び合い』では多くの先生方が参加します。そのうち先生同士で立ち話をするようになるのです。

　最初は授業関係の会話が主です。しかし、そのうちに雑談が始まります。たとえば、最近できたケーキ店の話などです。そして、授業の話と雑談が交互に続くようになります。このようなことを繰り返していくうちに、最近の悩みの相談をするようになります。たとえば、保護者対応で悩んでいることなどです。**本質的な自己開示は膨大な雑談の上に成り立つものです。**雑談の中で、「この人だったら大丈夫」ということを無意識に確認しているのです。

## ☞ 新人とベテランの交流を生んでくれる

　また、新任教師とベテラン教師の会話も興味深いものでした。普段の会話ではベテラン教師が若手教師に教えるという関係で、同僚というより指導教員と教育実習生という関係性でした。しかし、若手教師がベテラン教師に、その教師の担任するクラスの子どもの行動を話している場面では、ベテラン教師は対等に会話していました。その子どもの行動を見ているのは若手教師だから、教えてもらうという関係性です。やがて、2人の会話は、仲の良い先輩後輩のようになりました。

　小学校で異学年『学び合い』を実践する場合は2限に設定していました。授業終了後、2限と3限の間の中休みの時間を利用して、体育館で立ったまま、その日発見したことをみんなで話し合いました。このようなことを続けているうちに、参加者が増えていきました。『学び合い』には首をかしげている教師も、週に1時間程度の異学年『学び合い』には参加するようになりました。子どもたちが多様な人と関わることには意義を見出したのです。

　そんなことをしているうちに、久しぶりにその学校に行くと、校長がニコニコしながら「最近は、先生が職員室にいる時間が多くなり、みんな楽しげに話すようになりました」と言われました。その学校には私の研究室のゼミ生たちがボランティアとして関わっています。忘年会も一緒に参加しています。

　忘年会に参加した若いゼミ生がしみじみと「今まで参加したどんな呑み会よりも楽しかった」と言ったのです。

　呑み会では仲の良い人がさらに仲良くなれます。しかし、関係が弱い人同士の関係をよくしたいならば、共に課題を乗り越えることです。**異学年『学び合い』は学校の風通しをよくします。**

第6章　異学年で一緒に行う自由進度学習がすごい　107

# おすすめの研修方法

　先に述べたように、都市に数人レベルですが、授業後の検討会で流れをガラリと変える発言をする授業名人はいます。その人は全体を俯瞰し、ポイントを見つけ出し、それらを結びつけることができ、多くの人が見逃す全体の流れを見出せるのです。

　これを追体験できる研修方法があります。

　異学年『学び合い』に参加した教師に付箋を渡します。そこに、興味を引かれた子どもたちの言動を記録します。併せて、自分の名前と、その言動が起こった時間を記入します。

　今までの授業分析では、子どもの言動を分類して、分析していました。しかし、それはかなりの手間です。だから、大学での研究には使えても、学校現場では使えません。しかし、時間だったら、苦労なく記入することができます。

　授業が終わったら右頁の表のように時間別の欄が書かれている大判の紙をホワイトボードに貼ります。この表の時間間隔は5分です。参加者は起こったことを書いた付箋を、それが起こった時間の欄に貼り付けるのです。そして自分の気になっていることに関連していそうな子どもの行動に関して、ほかの人が書いている付箋を見て、それを書いた人にその子の行動について話を詳しく聞くのです。

　最後に、このクラスで起こったことを、クラス全体として吟味します。そうすると、なかなかおもしろいことが発見できます。**とく**

| 時　間 | 起こったこと |
|---|---|
| ○から○ | |
| ○から○ | |
| ○から○ | |
| ○から○ | |
| ○から○ | |
| ○から○ | |
| ○から○ | |
| ○から○ | |
| ○から○ | |
| ○から○ | |

**に『学び合い』による自由進度学習の場合、集団全体を考えるクラスをリードする子どもに着目すれば、その子たちがかなり戦略的に行動していることが明らかになります。**

　たとえば、「○○さんが□□に気づき、グループ全体が盛り上がった」と書いてある付箋が貼られたとします。自分たちが行き詰まったときに盛り上がっているグループがあると、一部の子どもが偵察に行きます。そしてしばらくすると、□□に気づくグループが急増します。このような情報拡大の仕組みが上記のような取り組みから気づくことができます。

　なお、Google ドキュメント、Google スプレッドシート、Google Keep を活用すれば、各教師がタブレットで入力したとたんに、リアルタイムで共有できるという利点が生じます。

# 受験対策に最強

## 👉 異学年『学び合い』で１年生、２年生の心が動く

　以前、数年に渡って異学年『学び合い』で学校づくりをしている中学校の先生から電話がかかってきました。「先生、３年生の３分の１が〇〇高校に合格しました！」とのことです。その高校は地域でトップの学校です。そこに学年の３分の１が進学したのですから驚異的です。周りの中学校ではこの学校で何が起こっているのかとビックリしていました。

　私は「３分の１か……。なんで全員じゃないの。全員達成を目指しているのだからね」と話したら呆れられました。ただしそのあと、「進学校に進学するのが正解とは限らない。各自の将来を見据えて、自分の進路を考えての結果ならばすばらしいことだよ」と話しました。

　さて、**なぜ、学年の３分の１の子どもが地域のトップ校に進学できたのでしょう。**

## 👉 手品の種は心に火をつけること

　手品には種があります。高校入試で進学実績を上げる方法はさまざまあります。しかし、その多くは的外れだと私は思っています。進学実績を上げるための本丸は「当人が合格したい」と思うことです。

　しかし、中学生の多くは受験未体験です。１年単位、継続してハー

ドな勉強を継続することも未体験です。合格するかしないかは、どの時点で本格的な受験勉強を始めたかによって決まります。

　具体的には、本格的な受験勉強を中2から始めるか、中3の1学期から始めるか、中3の夏休みから始めるか、中3の2学期から始めるかで、志望校に合格するか否かは決まります。遅く始めた人が、早く始めた人に追いつくのは至難の技です。自分がいくら一所懸命に勉強しても、自分より3か月前に一所懸命に勉強し始めた人とは、その差が縮まりません。

　だから、教師は早く受験勉強を始めることを語りますが、受験未体験の中学生にはリアリティがありません。そこで、年度の早い段階の異学年『学び合い』の場で、次のように語ります。

---

　3年生は受験の年だ、全員が志望校に入れるように支えよう。3年生諸君、君たちのがんばりが2年生、1年生を動かす。2年生、1年生の諸君、君たちのがんばりが3年生を押し上げる。ここにいるみんなはチームだ。一人の例外もなく、未来に続く進路に踏みだそう。

---

　そして、同じようなことを数か月に一度語ってください。確実に、**3年生は1年生、2年生に対して「早く受験勉強を始めればよかった」と言うでしょう。これは、教師の「早く受験勉強を始めなさい」より100万倍効果があります。**気になった1年生、2年生は「どんな参考書、問題集を使っていますか？」と聞くでしょう。紹介された参考書、問題集を本屋で探します。そして購入する子どもが現れます。こうすれば、一般の中学生に比べてかなり早く本気になって受験勉強を始める子どもは増えます。

　これが学年の3分の1が地域トップ校に入学した種明かしです。

第6章　異学年で一緒に行う自由進度学習がすごい　111

**現場教師による実践事例**

# 異学年『学び合い』を
# やりましょう

**（小学校教諭／青森県）**

『学び合い』において、とくに効果が高いのが異学年『学び合い』です。「異学年で『学び合い』を進めるなんて難しそう……」と思われるかもしれませんが、**実際には簡単で、多くの効果を生み出します。**

実践方法を紹介します。

『学び合い』に興味のある教員同士で、合同授業を提案します。3つ以上の学年が理想ですが、2つの学年でも可能です。事前に教員同士のPC等でスライド編集機能を共有し、各学年のミッション（授業の目標）を入力してもらいます。パワーポイント、Googleスライド、Canvaなどアプリはなんでもよいです。

体育館等に子どもたちを集め、各学年のミッションをスクリーンに表示します。実践初期は、子どもたちのネームプレートを用意します。課題達成時に「達成ゾーン」に移動させ、誰が課題達成したかを可視化するためです。問題の答えを用意し、終了の時刻、どこで、誰と、何を使ってもよいことを伝えます。終了時刻になったら、Googleフォームに子どもたちが入力した振り返りを収集し、グラフやコメントをスクリーンに表示し、個人と集団のメタ認知を高めます。必要に応じて、複数教員による見取りをフィードバックします。次の時間もほぼ同様です。最初に単元計画を渡せば、自由進度学習も可能です。異学年、異教科、さらには異なる進度の学習状況

が生まれます。

　異学年『学び合い』には多くの可能性があります。小学校の場合、前後5学年に及ぶ**異学年の子どもたちとのつながりが生まれ、将来の地域コミュニティの基盤が形成されます。**多様な子どもたちと関われるので、学級内での人間関係が希薄な子どもにとってオアシスのような場になります。下の学年の子どもたちは上の学年の学習内容の見通しを持ち、上の学年の子どもたちは頼られる経験を通じ、自尊感情も高まります。

　**教員のメリットも大きいです。授業時間内に複数の教員が子どもたちの様子を見取りながら共有する時間が生まれます。これにより教員間のコミュニケーションが促されます。**教員同士の交流や協働する姿を子どもたちに直に示すことができます。ベテラン教員が若手に指導技術を伝授したり、若手からICTスキルを学んだりする機会になります。つまり授業時間内にOJTが可能です。これらは、数年にわたって実践してきた実例に基づくものです。

　さて、学校と社会のシームレスな接続が求められています。私たち大人が所属する集団構造は年齢も異なり、抱える課題も異なります。だからこそ学校で多数で多様な人たちとネットワークをつなぎ、助け合い、補い合う力を育むべきだと思います。もともと異なる学年、異なる個性の子どもたちが通ってきているのですから。今やオンライン環境の進化も多様な形の『学び合い』を促し、異校種や都道府県を超えた学びを実現しています。ぜひ一緒に挑戦してみませんか。

## COLUMN 6

# 地域コミュニティの再生

　今の若者は、私が若かった時代に比べて極めて厳しい環境にあります。昔は、「中卒より高卒、高卒より大卒、同じ高校・大学だったら偏差値が高いほうがいい」という至極単純なモデルに従えばよかった。

　「当たり」の会社と職業がありましたが、今はそれら会社や職業は零落し、これに就職したら安泰というものがなくなりました。昔だったら一生涯の生活を、終身雇用で企業が守ってくれました。しかし、こんな不安定な時代、長い人生を企業は守ってくれません。

　では、何に頼るべきか。

　それは学校時代に、共に学んだ仲間だと思います。何がなんでも都会に行くのではなく、地元で生活するほうが正解である人は少なくありません。その人たちに、多数で多様な仲間を与えることが学校の責務だと思います。

　自由進度学習は入り口です。

　そこからすべての子どもに多数で多様な仲間を与えるために何をすればいいかを考えていただければと思います。

# 付録　次に進めるためのガイドブック

　本書は『学び合い』による自由進度学習を始めるためのミニマムエッセンシャルをまとめました。さらに一歩進むには以下の5冊を最低限はお読みください。

　第一は、『学び合い』のテクニックを俯瞰するためには**『クラスがうまくいく！　『学び合い』ステップアップ』**（学陽書房）をお読みください。

　子どもに任せるということに不安な方は多い。それでいいのです。それが普通です。不安な方は今までの指導法と『学び合い』をブレンドしてしまいます。しかし、絶対にブレンドしないでください。カレーもアイスクリームもおいしいですが、それをブレンドしたらまずくなります。今までの指導法と『学び合い』は根本的に哲学が違います。ブレンドすると子どもが混乱します。だから、ブレンドしないでください。その代わりに、週イチから始めることをおすすめします。たとえば、金曜日の算数の授業は『学び合い』で、それ以外は今までどおりにやるのです。これだったらできますよね。この方法で始めて、『学び合い』のすごさを感じてください。このために**『週イチでできる！　アクティブ・ラーニングの始め方』**（東洋館出版社）を用意しました。

　『学び合い』を始めると、いろいろと悩むことがあります。ご安心ください。『学び合い』は数千人の教師が20年以上実践を積み上げているのです。だから、起こることは整理され、それに対する対応策は整理されています。それは**『『学び合い』を成功させる教師の言葉かけ』**（東洋館出版社）にまとめました。おそらく、どこかで

のぞいているのでは、と思うほどお見通しなのです。

　『学び合い』を実践すると、子どもたちの人間関係の向上は比較的短期間に現れます。そこで満足してしまう人がいます。しかし、人間関係と学力はコインの裏表なのです。適当にやっている運動クラブと、必死にやっている部活とどちらが一生涯つながれる仲間をつくれますか？『学び合い』を実践すれば、平均点を 20 点ぐらい上げるのはたやすいことです。信じられないでしょうね。でも、手品には種があります。その種を『**簡単で確実に伸びる学力向上テクニック入門**』（明治図書出版）に書きました。

　以上の本のとおりにやれば、人間関係も学力も驚異的に向上します。しかし、教員間の人間関係の地雷を踏んでしまう人がいます。ようは子どもたちに求めている「折り合い」を自分自身がつけていないことにあります。これを避ける方法を、『**みんなで取り組む『学び合い』入門**』（明治図書出版）に書きました。

　そして、その本のとおりにやってください。ありがちなのは、「班を決めないとあるけど、『まあ、班を活用してもいいよね』」「40分近く子どもに任せると書いてあるけど、『最初は教えなければならないよね』」等々の我流です。何事も初心者は先人の型に従わなければなりません。最初から我流を入れる人は学び取ることはできません。

　１年間実践すれば、自分なりの我流を入れてよい部分と、いけない部分がわかります。そうなれば本の型から離れても結構です。でも、最初は学術データと実践データによって整理された型に従ってください。なお、その先を知りたければ、Amazon で「西川純」と検索してください。「この人は何が専門!?」とビックリすると思いますよ。内容は多岐に渡っていますが、すべて、子どもと教師の幸せにつながる本です。

## ●著者紹介

# 西川 純（にしかわ　じゅん）

　1959年東京生まれ。筑波大学教育研究科修了後、東京都の公立高校教諭を経験し、その後上越教育大学で研究の道に進む。上越教育大学教職大学院教授、元臨床教科教育学会学会長。子ども同士で学び合う『学び合い』による授業を提唱し、教科を学ぶ児童・生徒・学生・大人の姿に徹底して密着した調査と分析による研究を行っており、教育臨床学、学習臨床学の構築を進めている。

　著書に、『クラスがうまくいく！　『学び合い』ステップアップ』『学歴の経済学』『人生100年時代を生き抜く子を育てる！　個別最適化の教育』（以上、学陽書房）、『『学び合い』誰一人見捨てない教育論』（東洋館出版社）ほか多数。

# 『学び合い』でできる！
# 今日からはじめる自由進度学習

2024年12月16日　初版発行

著　者　　**西川 純**

発行者　　**佐久間重嘉**

発行所　　**学 陽 書 房**

　　　　　〒102-0072　東京都千代田区飯田橋1-9-3
　　　　　営業部／電話 03-3261-1111　FAX 03-5211-3300
　　　　　編集部／電話 03-3261-1112
　　　　　https://www.gakuyo.co.jp/

ブックデザイン／能勢明日香
イラスト／おしろゆうこ
DTP制作／越海辰夫
印刷・製本／三省堂印刷

© Jun Nishikawa 2024, Printed in Japan　ISBN 978-4-313-65527-0 C0037
乱丁・落丁本は、送料小社負担にてお取り替えいたします。
JCOPY〈出版者著作権管理機構　委託出版物〉
本書の無断複製は著作権法上での例外を除き禁じられています。複製される場合は、そのつど事前に出版者著作権管理機構（電話 03-5244-5088、FAX03-5244-5089、e-mail: info@jcopy.or.jp）の許諾を得てください。

**好評の既刊!**

### 教師のための
### お金の増やし方がわかる本

### 西川 純・網代涼佑　著

A5判・112ページ　定価 1,980 円（10% 税込）

教員の老後のリアルな現実を伝えた上で、クレジットカードを使った節約方法、ポイント活動のお得な方法など、50代になったらすぐ読んでおきたい、30代40代で読んでおけば老後がもっと豊かに過ごせる方法がわかる本。

## 好評の既刊！

## 2030年
## 教師の仕事はこう変わる！

### 西川 純 著

A5判・208ページ　定価 1,760円（10% 税込）

学校が変わる！　教育が変わる！　学校も子どもも激減し、ICT や AI がどんどん学校現場に入り、教育内容が変わっていく時代に、教師の仕事はいったいどうなってしまうのか？　これからの時代を生き抜く教師になる方法がわかる1冊！

**好評の既刊！**

## 人生100年時代を生き抜く子を育てる！
### 個別最適化の教育

### 西川 純 著

A5判・160ページ　定価 1,760円（10% 税込）

文科省・経産省それぞれが2019年に発表した学びの「個別最適化」とは、何なのか？　これから人生100年時代に突入し、AIと共存し、あらゆる情報が瞬時に手に入り、人間の仕事の価値が問われていくなかで、幸せに生き抜く子どもを育てる鍵がそこにある！